Hobbit Presse
Klett-Cotta

Anthony Ryan

Das Duell der Bösen

Rabenschatten-Geschichten

Aus dem Englischen übersetzt
von Sara Riffel

Klett-Cotta

MIX
Papier | Fördert gute Waldnutzung
FSC® C014496

Hobbit Presse
www.hobbitpresse.de
Englische Originaltitel der drei Novellen: »A Duel of Evils or The Fall of Kethia«; »The Lady of Crows«; »The Lord Collector«

Printed in Germany
Umschlaggestaltung: Birgit Gitschier, Augsburg;
Illustration: Federico Musetti
Gesetzt von Fotosatz Amann, Memmingen
Gedruckt und gebunden von GGP Media GmbH, Pößneck
ISBN 978-3-608-98117-9

Zweite Auflage, 2023

INHALT

Das Duell der Bösen
oder
Der Niedergang Kethias

Eine wahrheitsgetreue und unverfälschte Schilderung der Zerstörung jener Stadt, verfasst auf Geheiß Seiner Majestät des Kaisers Aluran Maxtur Selsus (gesegnet von den Göttern immerdar) durch Lord Verniers Alishe Someren, kaiserlicher Geschichtsschreiber und Erster der Gelehrten.

Den klugen Weisungen Euer Majestät folgend mied ich bei der Vorbereitung dieses Abrisses die Untiefen von Mythen und Legenden – jenes verfluchte Doppelgespann, das sich dem vernünftigen Gelehrten bei seiner Suche nach Wahrhaftigkeit auf ewig in den Weg stellt. Wie Euer Hoheit feststellen werden, sind die überlieferten Quellen jedoch sämtlich durchzogen, man könnte auch sagen: verdorben, von Beschreibungen bizarrer und schlichtweg unmöglicher Vorkommnisse. Warum ein Ereignis von solch außerordentlicher Bedeutung für das volarianische Reich – eine Kultur, die gemeinhin für ihr Streben nach Vernunft bekannt ist und darin gelegentlich sogar das gebotene Maß überschreitet – auf derart unzuverlässige Weise überliefert wird, bleibt mir ein Rätsel. Womöglich litten die Zeugen unter geistiger Verwirrung – die Unbill des Krieges kann selbst den beständigsten Geist seiner Vernunft berauben. Indes habe ich beschlossen, auch die abwegigeren Schilderungen in diesen Bericht mit aufzunehmen, da meiner Auffassung nach die Wahrnehmung eines Ereignisses mindestens ebenso bedeutsam ist wie das Geschehen selbst.

Um zu begreifen, wie der einst mächtige Stadtstaat Kethia ein solch greuliches Ende finden konnte, müssen wir zunächst seine Ursprünge verstehen. Was wir über die frühe volarianische Geschichte wissen, speist sich im Wesentlichen aus Legenden und Erzählungen, die sich um die Taten verschiedener unglaublich mächtiger Helden und deren zahllose Schlachten und Intrigen im Dienste des heute bedeutungslos gewordenen volarianischen Pantheons drehen. An objektiven Quellen sind aus jener Epoche lediglich einige unentzifferbare Schrifttafeln und geschmacklose Malereien auf Fundstücken – vor allem Keramikscherben und Reste von Mosaiken – erhalten geblieben. All diesen Darstellungen gemeinsam ist das Thema der Zerstörung – brennende Städte, Menschenhorden, die von Armeen grausiger Gestalten in blutroten Rüstungen mit dem Schwert niedergemacht werden, bizarre Tiere, die aus den Eingeweiden der Erde hervorbrechen und überall Verwüstung anrichten. Diese Bilder sind gewiss übertrieben oder entstammen gänzlich der Fantasie; als Ganzes betrachtet deuten sie jedoch darauf hin, dass auf der Landmasse, die heute das volarianische Reich beherbergt, einst ein Kampf von einer Größenordnung stattgefunden haben muss, die geeignet wäre, ein ganzes

Volk auszulöschen; ein Kampf, dessen Ende erst durch eine Phase der Neugründung von Siedlungen angezeigt wird, zwischen denen Handel und Schriftverkehr wieder auflebten.

Der Name Kethia findet seine früheste Erwähnung vor eintausendsechshundert Jahren, ein ganzes Jahrhundert vor der Geburt unseres eigenen (glorreichen und zweifellos ewigen) Reiches. Bei meiner Suche in den kaiserlichen Archiven bin ich auf einige alte Frachtlisten gestoßen, in denen der Austausch von Waren mit einer Siedlung an der Westküste der heutigen volarianischen Provinz Eskethia verzeichnet war. Der Handel mit dieser Siedlung nahm im Laufe der Jahrhunderte immer mehr zu, bis sie zu genügend Reichtum und Ansehen gelangt war, um mit Kaiser Rahlun, dem zehnten Auserwählten auf dem alpiranischen Thron, ein offizielles Abkommen zu schließen. Die Einzelheiten jenes Abkommens sind nicht weiter erwähnenswert; Ziel waren das Festschreiben bestehender Zölle und der gegenseitige Schutz vor Freibeutern. Aus der Einleitung jedoch geht hervor, dass sich Kethia bereits damals in erbitterter Konkurrenz zum Hafen von Volar befand, der etwa dreihundert Meilen weiter nordöstlich liegt.

Ein kurzer Blick auf eine Karte der Nordküste Volarias erklärt, warum es zwischen diesen beiden Städten zum Konflikt kam. Volar befindet sich am Ende eines langen, schmalen Einschnitts, der den Namen »Arm von Lokar« trägt. Ein leicht zu befahrendes Gewässer, wie mir mehrere Seeleute versicherten, das jedoch den Zugang zu den boraelischen Handelsrouten erschwerte und Kethia damit zum Vorteil gereichte. Zudem profitierte die Stadt vom reichen Ackerland in ihrem Umkreis, das Wein und Baumwolle im Überfluss hervorbrachte. In den Jahrzehnten vor dem kethischen Abkommen mit Alpira war es zu zahllosen Grenzkonflikten und mindestens einem größeren Kampf zwischen den beiden rivalisierenden Hafenstädten gekommen. Die Lage verschärfte sich mit der Ausbreitung der volarianischen Hegemonie auf dem Kontinent, eine Phase, die als Zeitalter der Reichsgründung bezeichnet wird. Das volarianische Reich mit seiner fortschrittlichen Militärdoktrin und seiner gnadenlos praktischen Herangehensweise an Diplomatie und Kriegsführung trat vor achthundert Jahren zum ersten Mal in Erscheinung – und dies markiert auch den Anfangspunkt der Geschichte, die hier erzählt werden soll.

Um den weiteren Fortlauf der Ereignisse nachvollziehen zu können, ist es zunächst wichtig, sich die Unterschiede wie die Gemeinsamkeiten der kethischen und der volarianischen Kultur vor Augen zu halten. Fern läge es mir, die eine über die andere stellen zu wollen, denn wie Eure erlauchte Majestät feststellen werden, erscheinen beide Völker im Vergleich zur unübertroffenen Größe der alpiranischen Gesellschaft als gleichermaßen bestialisch. So herrschte beispielsweise in beiden Kulturen ein Rechtssystem, das nur als barbarisch bezeichnet werden kann; jedwedes Verbrechen, ganz gleich wie geringfügig, wurde mit Hinrichtung bestraft (was sich in Volaria bis heute nicht geändert hat), für schwerere Vergehen erwarteten den Schuldigen eine Reihe festgelegter Torturen, die schließlich im, zweifellos befreienden, Tod endeten. So ähnlich sich beide

Kontrahenten hinsichtlich ihrer Brutalität waren, so sehr unterschieden sie sich in der Regierungsform. Eine Schilderung der langen und hässlichen Geschichte der eigentümlichen volarianischen Institution der Sklaverei möchte ich Euch, Majestät, ersparen. Es soll der Hinweis genügen, dass zur Zeit des Aufstiegs des volarianischen Reiches die Sklaverei bereits in allen Bereichen der Gesellschaft fest verankert war.

Wie Euer Majestät wissen, wird Volaria von einem Rat regiert, dem die wohlhabendsten Bürger des Reiches angehören. Auf welche Weise jemand in den Rat gelangt, ist heute nicht leicht zu durchschauen – vieles ist von Intrigen und einem komplexen System der Patronage abhängig. Außenseitern wird häufig nicht einmal ersichtlich, wer überhaupt zum Rat gehört. Einige Familien halten ihren Sitz seit Generationen, ohne sich die Mühe zu machen, den Namen des jeweiligen Amtsinhabers zu ändern. In früheren Zeiten genügte es jedoch, Reichtum im Wert von einhunderttausend Sklaven anzuhäufen. Die Anzahl der Ratssitze im Laufe der Zeitalter liefert deshalb nützliche Hinweise auf die Größe des Reiches oder zumindest die der Sklavenpopulation. Zu Beginn des offenen Krieges gegen Kethia bestand der Rat aus zehn Mitgliedern, deren Macht über das wachsende volarianische Herrschaftsgebiet nahezu uneingeschränkt war.

Kethia hingegen brauchte keine Räte, denn wie die wilden Bewohner des feuchten Nordlandes besaß Kethia einen König. Im Gegensatz zu diesen gelangte bei den Kethern der König aber nicht aufgrund seiner Herkunft auf den Thron, sondern wurde nach Belieben vom Volk gewählt. Alle vier Jahre versammelten sich sämtliche Männer über dreißig, die ein Haus oder Vieh besaßen, in einem eindrucksvollen Gebäude im Stadtzentrum. Der Name des Gebäudes ist nicht überliefert, glaubt man jedoch den Wandmalereien in den Ruinen Kethias, so muss es sich um einen bemerkenswerten Bau gehandelt haben. Er war beinahe dreißig Fuß hoch, und sein Dach wurde von fünf Fuß breiten Marmorsäulen getragen.

Die Wahl lief folgendermaßen ab: Vor jeden der Kandidaten, die sich um das Amt des Königs bewarben, wurde eine Vase gestellt. Dann erhielten alle Anwesenden einen schwarzen Stein. Einzeln traten sie vor und tauchten ihre zur Faust geschlossene Hand mit dem Stein nacheinander in jede der Vasen, sodass niemand sehen konnte, in welche sie ihn legten. Waren alle Steine abgelegt, wurden die Vasen geleert und vor den Augen der Versammlung die Steine gezählt. Der Kandidat, dessen Vase die meisten Steine enthielt, gelangte auf den Thron.

Jeder Mann passenden Alters, der über die notwendigen Voraussetzungen verfügte, konnte sich um den Königsthron bewerben, wenngleich der kethische Gelehrte und Diplomat Karvalev uns Hinweise darauf liefert, welcher Personenkreis die besten Aussichten auf Erfolg hatte:

Kein Bauer ist je auf den Thron gelangt. Und auch kein Viehtreiber, Schmied oder Radmacher. Zum König ernannt werden stets nur Kaufleute oder die Söhne von Kaufleuten. Oder berühmte Krieger oder die Söhne berühmter Krieger. Keiner von ihnen hat je in Armut gelebt. Kethische Mütter ermahnen einen faulen Sohn mit dem Sprichwort: »Wenn du so weitermachst, wird nie ein Stein in deiner Vase landen.«

Karvalev sollte dazu bestimmt – oder verflucht – sein, einen Großteil der folgenden Ereignisse mitzuerleben, weshalb seine Schilderungen eine wichtige Quelle dieses Abrisses darstellen. Viele seiner Werke sind über die Jahrhunderte verlorengegangen; zu Lebzeiten wurde er aber wohl viel gelesen, sodass seine Schriften häufig kopiert und weit verbreitet wurden, was ihm nicht wenig Verdruss bereitete: »Die ganze Welt zieht Nutzen aus der Kunst dieses armen Gelehrten, der um Tinte feilschen muss.«

Volarianische Quellen aus dieser Zeit sind rar und häufig so vorurteilsbeladen, dass sie für uns nutzlos sind, es sei denn, um den abgrundtiefen Hass zu veranschaulichen, den die Volarianer Kethia entgegenbrachten. »Das sind Diebe«, schrieb ein volarianischer Kaufmann einem Handelspartner im fernen Verehl. »Mit List und Bestechung nehmen sie uns jede Möglichkeit, Gewinn zu machen. Ein Kether verkauft notfalls mit Verlust, wenn er damit einem Volarianer schaden kann.«

Es ist jedoch Karvalev, der das deutlichste Bild der volarianischen Abneigung gegenüber ihren wohlhabenden Nachbarn zeichnet. Nachdem er mehrere fruchtlose Reisen nach Volar unternommen hatte, um dort ein Friedensabkommen auszuhandeln, führte sein letzter Versuch diesbezüglich zu folgender aufschlussreicher Schilderung eines Treffens mit einem ungenannten Ratsherrn:

Mit eisigem Blick und versteinerter Miene stand er da, gekleidet in einen roten Seidenumhang und flankiert von Wachen mit gezogenen Schwertern. Seine ganze Haltung war die eines Mannes, dem die schlimmste Beleidigung widerfuhr. Entschlossen, mein Vorhaben dennoch in die Tat umzusetzen, übermittelte ich ihm meine Botschaft, worauf er sprach: »Der Dolchzahn verhandelt nicht mit der Ziege.«

Karvalev beschreibt, wie ihn die Wachen des Ratsherrn festnahmen und zu seinem Schiff zurückbrachten, auf Schritt und Tritt von einer geifernden Menge beschimpft, die »sich in den Straßen drängte, um Gift und Galle gegen das verhasste Kethia zu spucken«. Ein Krieg mit Volar wurde immer unausweichlicher.

Allerdings sollte man nicht annehmen, dass der Handel der einzige Grund für die Feindschaft der beiden Rivalen war. Zwar sprachen sie größtenteils dieselbe Sprache und besaßen dasselbe Götter-Pantheon, doch unterschieden sie sich stark in der Form der Anbetung. Erlauchte Majestät werden sich gewiss an die Darstellung meines Traktats *Land der Alpträume – ein Porträt des Volarias der Vorkaiserzeit* erinnern, wonach das heute verschwundene volarianische Pantheon eines der schwierigsten Forschungsgebiete des modernen Gelehrten bleibt, da nur die Priester die Namen der Götter kennen durften. Der gemeine Gläubige wandte sich an die Helden der Legende, die selbst gottgleich waren, und bat sie um Rat. Gesuche um göttlichen Beistand konnten nur über die Priesterschaft erfolgen und verlangten nach einer angemessenen Opfergabe. Kethia hingegen, das das Pantheon mit den Volarianern teilte, hatte sich bereits ein Jahrhundert vor seiner Vernichtung dieser Priesterschaft entledigt. Es heißt, die Kether hätten die schlimmste Blasphemie begangen, indem sie den Göttern Namen gaben und ihren Bürgern, sogar den Frauen, gestatteten, sie anzubeten. Wenig überraschend war es in Volaria daher die Priesterschaft, die am lautesten nach einem Krieg gegen Kethia rief.

Eine der wenigen volarianischen Quellen, die eine weitgehend unvoreingenommene Schilderung des Krieges liefern, ist ein gewisser Sevarik Entril, der zu Beginn des Krieges Jungoffizier war und später zu einem Bataillonskommandanten aufstieg. Während des Konfliktes schrieb Entril eine Reihe von Briefen an seine Frau und schuf damit einen wertvollen Bericht über den Hergang des Geschehens. Er vertraute diese Schreiben einem neutralen Schiffskapitän an, der in Wahrheit ein Spion in Diensten des alpiranischen Reiches war, weshalb sich in den Kaiserlichen Archiven Abschriften dieser Briefe befinden. Entril beschreibt, wie seine Division vor einem der hohen Türme aufmarschierte, die für die heute zerstörten volarianischen Tempelanlagen typisch waren:

Auf der Spitze des Turms stand ein Priester und rief etwas in der Sprache der Götter. Seine Worte wurden uns von einem seiner Brüder übersetzt. Er sagte, sein Bruder sei mit einer Vision gesegnet worden, die nicht nur von einem, sondern von sämtlichen Göttern des Himmels stammte: »Kethia wird in Flammen aufgehen und Volar aus seiner Asche auferstehen!« Wie es der Sitte entsprach, stürzte der Priester sich daraufhin vom Turm. Sein Lebenswerk war beendet, und die Götter würden im Fallen seine

Seele auffangen. Wir hoben die Schwerter und brüllten uns heiser, derweil die leere Hülle des Priesters als Blutopfer auf dem Boden zerschellte.

Ein weiterer Grund für die Abneigung der Volarianer gegenüber den Kethern war die bei Letzteren übliche Kindsopferung. Wie bereits festgestellt, herrschte in beiden Kulturen ein gleiches Maß an Barbarei; diese Facette der kethischen Gesellschaft macht es indes schwer, ihr tragisches Schicksal zu bedauern. Dass eine solche Praxis tatsächlich verbreitet war und nicht nur dem volarianischen Vorurteil entsprang, wird von Karvalev und mehreren anderen zeitgenössischen Quellen bestätigt. Anscheinend wurden diese Opfer nur bei einer neuen Thronbesteigung gebracht; Karvalevs Beschreibung einer solchen Zeremonie vermittelt allerdings den schaurigen Eindruck des Alltäglichen:

Bei seiner Thronbesteigung griff der König in eine große Glasschüssel voller Holzpflöcke, welche die Namen aller Kinder Kethias trugen. Kein Kind, ganz gleich welchen Standes, wurde ausgelassen. Welche Familie wollte schon auf eine solche Ehre verzichten? Nachdem der König einen Holzpflock ausgewählt hatte, erhob er sich und nannte den Namen des glücklichen Kindes. Diesmal war es ein Junge von etwa acht Jahren, der Sohn eines Schiffbauers, der von diesem stolz nach vorn getragen wurde. Fröhlich lachend saß der Junge auf den Schultern seines Vaters. Der König begrüßte das Kind mit einem Kuss auf die Stirn und führte es alsdann mit dem Messer in der Hand zu dem Brunnen, aus dem die Götter bei Mondaufgang trinken. Die Götter segnen uns auf ewig, doch sie sind auch ewig hungrig.

Die Thronbesteigung ebenjenes Königs war es, die den Krieg endgültig ausbrechen ließ. Es handelte sich um einen Krieger, der unter dem Namen Tavurek in die Geschichte einging. Karvalev beschreibt ihn als »Kethias ganzen Stolz. Seine Statur und Kampfkraft ergänzten sich mit einem Verstand, schärfer als jede Schwertklinge. Es schien, als hätten die Götter unsere Not erkannt und Tavurek aus einem früheren Zeitalter zu uns gesandt, denn er war nicht wie andere Männer.« Die Volarianer gingen bei der Zerstörung aller Bildnisse und Statuen Tavureks mit großer Gründlichkeit vor, sodass die Genauigkeit von Karvalevs Beschreibung heute nicht mehr beurteilt werden kann. Entrils Porträt des todgeweihten Kriegerkönigs stimmt jedoch mit den meisten volarianischen Quellen überein:

Er überragte seine Männer, als sie gegen uns vorrückten. Unbehelmt und mit bloßen Armen schwang er eine Doppelaxt, als wöge sie kaum mehr als ein Zweig. Ein wütender Koloss aus Muskeln und Stahl, dessen Anhänger sich ohne Zögern für ihn opferten.

Über Tavureks früheres Leben ist nur wenig bekannt, wenngleich Karvalev andeutet, dass er der Sohn einer reichen Handelsfamilie war und seine Kindheit am Meer verbrachte. Tavureks Zeit auf See ist von zahlreichen farbenfrohen und absurden Legenden umrankt. Er soll von den Königinnen exotischer Inseln entführt und verführt worden sein und wilde Schlachten gegen Piraten gekämpft haben, in denen er sich seine tödlichen Fähigkeiten aneignete. Die haarsträubendste Geschichte ist dabei zweifellos der heldenhafte Kampf des zukünftigen Königs gegen ein riesiges Meeresungeheuer mit vielen Tentakeln. Natürlich ging er als Sieger daraus hervor, erlitt jedoch so schwere Verletzungen, dass er mehrere Tage lang dem Tode nahe war. Wie groß der Wahrheitsgehalt dieser Geschichten auch sein mag, als Tavurek an die Macht gelangte, war er jedenfalls weit gereist und von beeindruckender körperlicher Statur. Für die Kether war seine bedeutsamste Tugend jedoch nicht seine Kampfkraft, sondern sein leidenschaftlicher Hass auf die Volarianer.

Karvalev zeichnete Tavureks erste Ansprache an das kethische Volk auf. Von einigen poetischen Ausschmückungen abgesehen, die mit großer Sicherheit dem Gelehrten zuzuschreiben sind, liefert diese Rede einen unzweideutigen Einblick in Tavureks zutiefst anti-volarianische Haltung:

Kann man sie überhaupt Menschen nennen? Diese Bestien, diese Hundesöhne, diese Halunken? Wo ist ihre Ehre, frage ich euch? Wo ist ihr Mut? Wo ihre Religion? Sie bezeichnen uns als Gotteslästerer. Sie behaupten, wir würden die Götter entehren, während sie auf Schritt und Tritt Greueltaten begehen. Mein Hund ist gläubiger als sie!

Die Götter finden in Tavureks Reden häufig Erwähnung. Ein kethischer Botschafter in Alpira nannte ihn den frommsten Mann, der je auf dem Thron saß, und wir können mit einiger Gewissheit sagen, dass der neue König seine Mission für eine göttliche hielt. »Sie haben zu mir gesprochen, mein Freund«, soll er einmal zu Karvalev gesagt haben, während sie sich eine karge Mahlzeit aus Beeren und Wasser teilten (es war unter den Königen Kethias üblich, bescheiden zu leben). »Die Götter … ich habe ihre Stimme gehört. Und sie haben mich zu ihrem Werkzeug auf Erden bestimmt. Der volarianische Schmutz muss weggeputzt werden.«

Dies legt die Vermutung nahe, dass Tavurek geisteskrank war oder zumindest zeitweilig unter Wahnvorstellungen litt. Doch wenn dem so war, muss es sich um den Wahn eines ganzen Volkes gehandelt haben, denn seine Leute hielten bis zu seinem Tode zu ihm.

Zu einem ersten ernsten Zusammenstoß kam es kaum zwei Monate nach Tavureks Thronbesteigung, als er eine Flotte Kriegsschiffe direkt in den Arm von Lokar lenkte. Es war seine ausdrückliche Absicht, Volar von den Handelsrouten abzuschneiden und die Stadt dadurch im Hinblick auf eine Invasion zu schwächen. Allerdings erwies sich dies als zu ehrgeiziges Ziel. Die Volarianer waren offenbar gewarnt worden, und so wurde seine Flotte alsbald von vorn und von hinten angegriffen. Ein Verehler Seemann, der Zeuge des Debakels wurde, berichtete einige Monate später einem alpiranischen Handelspartner:

Es geschah bei Nacht, und anfangs glaubte ich, die Götter hätten Himmel und Meer in Brand gesteckt. Ich sah Männer schreiend aus lodernden Schiffen fallen, während die volarianischen Mangonelen ihr Werk verrichteten. Feuerkugeln prasselten wie brennender Regen vom Himmel. Im Arm wimmelt es nur so vor Weißnasenhaien, kleinen, bösartigen Bestien, die gern in Schwärmen angreifen. In jener Nacht gab es für sie so viel zu fressen, dass das Meer förmlich zu brodeln schien. Am Morgen war die Küste voller Schiffswracks, einige volarianisch, die meisten aber kethischen Ursprungs, und die Haie fraßen immer noch.

Irgendwie gelang es Tavurek, die Katastrophe zu überstehen und mit den Resten seiner Flotte nach Kethia zurückzukehren. Seltsamerweise wurde er trotz des Fehlschlags mit einmütiger Freude begrüßt, und es finden sich keine Hinweise darauf, dass es unter den Kethern kritische Stimmen gegeben hätte. »Er hat so eine Art«, schreibt Karvalev nach dem Fiasko über Tavurek. »Er nimmt die Seelen der Menschen ein. Ich kann es mir nicht recht erklären, aber selbst in meinem Herzen ist kein Platz für Zweifel. Nie bin ich mir einer Sache sicherer gewesen: Dieser Mann ist dazu bestimmt, uns anzuführen.«

Nach einer solch offenen Aggression war klar, dass Volaria schnell reagieren würde. Kethia wurde mit einer Blockade belegt; die volarianische Flotte zwang sämtliche Schiffe, unabhängig von ihrer Herkunft, anderswo anzulegen, und versenkte sogar ein Dutzend neutraler Gefährte, deren Kapitäne sich nicht einschüchtern lassen wollten. Der Hauptangriff sollte jedoch an Land erfolgen. Über die Größe des volarianischen Heeres, das kaum drei Monate später in kethisches Gebiet einmarschierte, gibt es unterschiedliche Schätzungen. Karvalevs Behauptung, es habe sich um eine halbe Million Soldaten gehandelt, ist mit Sicherheit übertrieben, aber selbst der etwas gemäßigtere Entril spricht von zweihunderttausend, was immer noch schwer zu glauben ist. Wie dem auch sei, es war gewiss ein beeindruckendes Heer – vielleicht das größte, das während des Zeitalters der Reichsgründung ausgehoben wurde, und auf jeden Fall das erfahrenste.

Die üble Gepflogenheit, in den volarianischen Heeren Sklaven einzusetzen, sollte sich erst vierhundert Jahre später durchsetzen. Damals waren die Soldaten noch allesamt freie Männer. Eine Militäreinheit der Volarianer bestand aus einem Infanteriebataillon, das offiziell eintausend Mann umfasste, tatsächlich aber aufgrund von Kampfverletzungen und Krankheiten der Soldaten häufig unterbesetzt war. Die meisten Soldaten waren Wehrpflichtige zwischen sechzehn und fünfundzwanzig. Für den Feldzug gegen Kethia wurde ihre Zahl auf Erlass des Rates hin durch das Zusammenziehen von Reservisten aufgestockt. In den meisten Bataillonen mischten sich junge Einberufene mit Veteranen, die eine Armeelaufbahn den oft düsteren Unwägbarkeiten des zivilen Lebens in Volaria vorzogen. Die Praxis, zahlungsunfähige Schuldner zu Sklaven zu machen, war auch damals schon im Gesetz verankert, und für diejenigen, die keiner reichen Familie angehörten, konnte das Leben recht beschwerlich sein. Die Armee bot zumindest ein gewisses Maß an Sicherheit. »Drei Mahlzeiten am Tag, zweimal in der Woche eine Hure und hin und wieder eine Schlacht, um den Appetit zu stillen und sich die Taschen mit Beutegut zu füllen«, gibt Entril die Worte seines Obersten Offiziers wieder. »Das Rezept für einen glücklichen Soldaten.«

Zwar mochte das Dasein als Soldat besser sein als ein Leben in Armut, doch war die Disziplin im Heer so streng, dass es fast schon an Sadismus grenzte. Das volarianische Militärstrafgesetz sieht als mildeste Strafe zehn Schläge mit einer stachelbewehrten Peitsche vor, womit solche Vergehen wie ein schmutziger Harnisch oder eine unpolierte Gürtelschnalle geahndet wurden. Für unerlaubte Trunkenheit setzte es fünfzehn und für die Nichtachtung eines Vorgesetzten zwanzig Schläge, was für die meisten Männer vermutlich bereits tödlich war. Die schlimmste Strafe erwartete Deserteure, denen Hände und Füße abgeschnitten und die Stümpfe mit Pech bestrichen wurden, worauf ein Rudel Sklavenhunde auf sie gehetzt wurde. Eine besonders grausame, aber zweifellos effektive Disziplinarmaßnahme war die kollektive Bestrafung von Bataillonen, die sich in den Augen der Heeresführung feige verhalten hatten. Per Los wurden einhundert Männer bestimmt, die beim nächsten Angriff in der ersten Reihe laufen mussten – komplett nackt und nur mit einem Schwert bewaffnet. Es überrascht daher nicht, dass viele, die einmal gegen die Volarianer kämpften, von deren beispiellosem Mut berichteten.

Zusätzlich zu den regulären Bataillonen unterhielten die Volarianer auch eine Reihe von Elite-Formationen, die nur aus Veteranen bestanden. Diese hatten sich bereits in zahlreichen Schlachten ausgezeichnet und trugen statt der schnöden Nummern Namen. Häufig gingen die Namen auf legendäre Helden zurück – »Livellas Klingen« und »Die Söhne Korsevs« waren die berühmtesten unter ihnen. Sie hatten an sämtlichen großen Schlachten im Zeitalter der Reichsgründung teilgenommen, ohne jemals eine Niederlage hinnehmen zu müssen. In der folgenden Schlacht mussten jedoch selbst solch gestandene Soldaten erfahren, dass im Krieg niemand unbesiegbar ist.

Wenn die volarianische Armee auch größtenteils aus Infanterie bestand, so besaß sie doch auch einige starke Kavalleriekontingente, die vor allem von den Söhnen reicher Kaufleute gebildet wurden, und darüber hinaus ein Korps hochgradig effizient arbeitender Baumeister, deren Einsatz möglicherweise sogar kriegsentscheidend war. Durch den erstaunlich schnellen Bau mehrerer Brücken gelang es den Volarianern bereits in den ersten fünf Tagen ihres Feldzuges, mehr als einhundert Meilen auf kethischem Gebiet zurückzulegen, ohne dass Tavurek, der in Kethia seine Wunden leckte, überhaupt von ihrem Vorstoß erfuhr. Als die Kunde schließlich bei ihm eintraf, reagierte der König jedoch recht zügig.

Kethia besaß ein kleines stehendes Heer von vielleicht zwanzigtausend Mann, dessen Stärke durch die Schlacht im Arm ziemlich gelitten hatte. Um diese magere Streitmacht zu vergrößern, war es in Kethia lange schon üblich gewesen, Söldner aus dem Ausland anzuheuern, was im Vorfeld des Krieges bereits in verstärktem Maße geschehen war. Es überrascht daher nicht, dass Karvalev das Heer, das den Volarianern entgegenmarschierte, als buntgemischt beschreibt. Zugleich wirft seine Schilderung ein Licht auf Tavureks unheimliche Fähigkeit, selbst die Abgebrühtesten zu seinen Anhängern zu machen:

Bogenschützen von den Küsten des Jarvenischen Meeres standen neben dunkelhäutigen Schleuderern aus Verehl. Lanzenreiter aus Atethia nannten wilde hellhäutige Axtkämpfer aus den Nordbergen ihre »Brüder«. Und alle verneigten sich vor dem mächtigen Tavurek und schworen feierlich, ihm notfalls bis in die Feuergrube zu folgen und gegen die Dermos selbst zu kämpfen. Dass dieser Schwur ernst gemeint war, kann niemand bezweifeln, denn diese Männer erhielten keine Bezahlung mehr. Sie kamen als Söldner zu uns und blieben als treue Kether, und als solche starben sie auch.

Wie immer sind sich die Quellen über die Größe des kethischen Heeres uneins, doch war es mit Sicherheit im Verhältnis von eins zu zwei in der Unterzahl. Trotz dieses Unterschieds in der Stärke verlief der vier Tage später folgende Zusammenstoß keineswegs einseitig. Die beiden Armeen trafen etwa dreißig Meilen von Kethia entfernt aufeinander, eine Meile vor der Südküste des Arms von Lokar. Die Volarianer hatten sich klugerweise nahe der Küste gehalten, um die ständige Versorgung durch ihre Flotte zu sichern – ein weiterer Faktor, der zur Schnelligkeit ihres Vorrückens beigetragen hatte. Entril beschreibt das Schlachtfeld folgendermaßen:

… sanft geschwungenes Ackerland, ohne Hügel oder sonstige Besonderheiten, die es verdient hätten, benannt zu werden. Die Kether näherten sich in einer dichten Menge und sahen von jeglichen Täuschungsmanövern ab, um stattdessen einen direkten Angriff auf die Mitte unseres Heers durchzuführen. Am Ende dieses Tages erhielt die Gegend dann doch noch einen Namen: das verdorbene Land. Wie könnte auf solch vergifteter Erde auch jemals wieder etwas wachsen?

Entrils Schilderung des Kampfes besteht aus einem wirren Durcheinander von Begegnungen mit Männern, die er als »verrückte Bestien, ohne Vernunft oder Furcht …« beschrieb. Wir müssen deshalb den Bericht des volarianischen Kommandanten, eines gewissen General Derilev, zu Rate ziehen, um uns einen Eindruck von der Schlacht als solcher zu verschaffen. Derilev war ein erfahrener Offizier von einigem Ansehen; allerdings sprach seine Art der Durchführung des Feldzuges lediglich von einer gewissen Grundkompetenz denn von inspirierter Führerschaft. Sein Bericht muss mit Vorsicht genossen werden, handelt es sich doch eindeutig um die übertriebenen Behauptungen eines Offiziers, der die Verantwortung für eine Beinahe-Niederlage von sich weisen will:

Den Schilderungen einiger meiner erfahrensten Veteranen zufolge kämpften die kethischen Soldaten selbst dann noch weiter, wenn sie tödlich verletzt wurden. Wir haben die Bösartigkeit unseres Gegners ganz eindeutig unterschätzt, denn meiner Überzeugung nach kann es ihm nur mit unnatürlichen Mitteln gelungen sein, derart weit in unser Heer vorzudringen. Wenn Tote kämpfen, gibt es dafür bloß eine Erklärung: Die Dermos sind wiederauferstanden und haben sich in Kethia eine neue Heimstatt gesucht.

Wie sich Euer Majestät gewiss aufgrund der Darstellung in *Land der Alpträume* erinnern werden, sind die Dermos die legendären Feinde von Göttern und Menschen, die in einer Feuergrube unter der Erde hausen sollen. Derilev beschreibt, wie die berühmten Söhne Korsevs ein Durchbrechen der Kether im letzten Moment verhinderten, indem sie sich in die Bresche warfen. Zwar verloren sie dabei zwei Drittel ihres Bataillons, kämpften jedoch mit solcher Verbissenheit, dass sich das volarianische Heer derweil neu formieren konnte. Derilev verwendet eine beträchtliche Menge Tinte darauf, seinen geschickt ausgeführten Gegenschlag zu beschreiben. Er zog die Bataillone in der Mitte des Heers zurück, verstärkte dessen Flanken und schickte seine Kavallerie gegen die Nachhut der Kether, womit es ihm angeblich gelang, dem Gegner eine vernichtende Niederlage beizubringen. Diese Beschreibung ist jedoch bestenfalls als Übertreibung und schlimmstenfalls als verzweifelte Lüge zu erachten. Karvalev schildert, wie die kethische Armee sich wohlgeordnet, wenn auch stark angeschlagen in die Stadt zurückzog. Die Dauer der nachfolgenden Belagerung deutet ebenfalls darauf hin, dass Tavurek entgegen Derilevs Behauptungen auch nach der Niederlage noch einiges an militärischer Stärke zurückbehielt. Bezeichnenderweise wird Derilev alsbald durch einen neuen Kommandanten ersetzt. Weitere Erwähnungen seines Namens suchte ich vergebens, doch ist die Art des Umgangs mit erfolglosen Generälen, für die der Rat berüchtigt ist, gewiss Erklärung genug für seine Abwesenheit.

Kurz nach der Schlacht schrieb Entril seiner Frau und berichtete, dass er ein Drittel seiner Männer verloren habe. »Die meisten sind dem Kampf, ein paar dem Wahnsinn zum Opfer gefallen.« Darüber hinaus wurde er zum Bataillonskommandanten befördert, da seine sämtlichen Vorgesetzten gefallen waren. Nach Verlusten diesen Ausmaßes kann es nur eine schwer angeschlagene Armee gewesen sein, die Kethia im Folgenden belagerte.

Die Volarianer besaßen einige Erfahrung in der Kunst der Belagerung. Im Zeitalter der Reichsgründung kursierten zahllose Geschichten darüber, wie sie mit großer Finesse und Geduld feindliche Festungen und Städte aushungerten. Anfangs schien mit Kethia alles ganz ähnlich zu verlaufen. Entril schildert, wie der neu eingesetzte volarianische Kommandant zu Beginn der Belagerung eine schwungvolle Rede hielt:

»Ein Monat schaufeln, Männer«, versprach er uns, »und die Beute wird euch bis an euer Lebensende reich machen.«

Über diesen neuen Kommandanten ist in den Geschichtsbüchern noch weniger verzeichnet als über den glücklosen Derilev. Überliefert ist lediglich der wenig schmeichelhafte Titel, den Entril und seine Männer ihm gaben, als seine optimistischen Reden sie zu ermüden begannen: »Der lügende Affe«. In Wahrheit sollte es zwei Monate dauern, bis der erste direkte Angriff erfolgte. Der Affe hatte ob des mangelnden Fortschritts der volarianischen Baumeister, deren Gräben sich nur im Schneckentempo den Mauern näherten, die Geduld verloren. Mehr als zehntausend Männer wurden für den Angriff abgestellt und stürmten an drei verschiedenen Orten mit Leitern gerüstet die Stadtmauern, in der Hoffnung, die Verteidiger so stark zu spalten, dass ein Durchbruch möglich würde. Das Ganze sollte sich als vernichtender Fehlschlag erweisen; kaum dreitausend Mann schleppten sich bei Einbruch der Dunkelheit zum

Heer zurück. Entril beschreibt die Überlebenden folgendermaßen:

Mit wildem Blick und rußgeschwärzt faselten sie von untötbaren Gegnern und einem kethischen König, der offenbar nach Belieben in ihrer Mitte aufzutauchen vermochte, wobei er eine Axt schwang, die Rüstungen durchschnitt, als wären sie aus Reispapier. Der Affe verhängte die Strafe für Feigheit über jeden Zehnten, doch setzte sich die Furcht, die ihr Gerede hervorrief, alsbald unter den Männern fest, und Furcht ist die schlimmste Plage eines jeden Heeres.

Aus purer Hartnäckigkeit, wie es schien, versuchte der Affe es drei Tage später erneut, diesmal mit der doppelten Menge Soldaten, denen er seine Elite-Bataillone vorausschickte. Entrils Männer erhielten Befehl, die »Speere Moriveks«, eines der berühmtesten Elite-Bataillone in der volarianischen Geschichte, bei einem Angriff auf das Haupttor zu unterstützen. Sein nächster Brief nach Hause ist von spürbarem Entsetzen und nicht zuletzt Verwunderung über das eigene Überleben geprägt:

Unter einem nicht enden wollenden Hagel aus Pfeilen und Steinen erklommen die »Speere« die Festungsmauern zu beiden Seiten des Tores. Wie sie kämpften, meine Liebe – ich kann es nicht in Worte fassen. Ich schien Männer aus Stein vor mir zu haben, an denen sich die Kether wie eine Sturmflut brachen. Unseren Befehlen folgend stürmten wir mit unserer großen eisenbewehrten Ramme vorwärts und hämmerten sie wieder und wieder gegen das Tor, während die »Speere« über uns die Mauern hielten. Doch alles umsonst.

Entril beschreibt, wie seine Männer das Tor durchbrachen, nur um ihren Weg von einer tiefen Grube versperrt zu finden, die mit etwas gefüllt war, das wie Wasser aussah, sich in Wahrheit jedoch als Öl erwies, als eine Fackel von oben hineinfiel und »die ganze Welt in Flammen setzte«. Entril mühte sich, seine Männer zu sammeln, doch ihr schwindender Mut verließ sie gänzlich, als die Kether von den Mauern Leichen hinabzuwerfen begannen:

… Leichen in volarianischer Rüstung, verziert mit dem Wappen der Speere Moriveks, und allesamt kopflos. Meinen Bemühungen zum Trotz liefen die Männer davon, und bald schon stand ich allein vor dem zerschmetterten Tor. Im Angesicht des sicheren Todes straffte ich den Rücken und beschloss, ihm mit Würde entgegenzutreten, wie es mein Rang mir gebot. Als ich aus dem Torhaus trat, zwang ich mich, stehen zu bleiben und den Kethern auf den Mauern einen abschätzigen Blick zuzuwerfen. Ich sah bloß einen Mann, dessen Gesicht ich trotz der Dunkelheit sogleich erkannte. Er sah mich lange an, die Hände am Griff seiner großen Axt. Dann hob er einen Arm und deutete auf unser Heer.

Erstaunlicherweise wurde Entril für die Feigheit seiner Männer nicht bestraft. Was vielleicht daran lag, dass der Affe am nächsten Morgen tot aufgefunden wurde. Er hatte sich das Leben genommen. Dies erforderte freilich das Einsetzen eines neuen Kommandanten, eines Mannes, der sich als recht geduldig erweisen sollte.

Vartek Lovril gehört zu den herausragenden Persönlichkeiten des Zeitalters der Reichsgründung und ist eine der wenigen Berühmtheiten der Vorkaiserzeit, die nicht während der großen Säuberung aus den Geschichtsbüchern getilgt wurden. Er hatte bereits vor dem Beginn des letzten kethischen Krieges einiges an Ruhm angehäuft – ein Ruhm, der sich auf Mut und Kampfkraft gründete. Vartek hatte seine Jugend in der Hafenstadt Varral im Norden verbracht, die kurz davor noch ein unabhängiger Stadtstaat gewesen war. Varteks Vater war einer der Hauptverschwörer jenes Putsches gewesen, der die einstige Stadtregierung gestürzt und der volarianischen Annexion den Weg freigemacht hatte.

Als dritter Sohn hatte Vartek nur ein dürftiges Erbe zu erwarten, weshalb er bereits in jungen Jahren in die volarianische Armee eintrat. Anscheinend geschah dies gegen den Willen seines Vaters, denn Vartek heuerte als einfacher Soldat an, wiewohl ihm aufgrund seines Ranges ein Jungoffiziersposten zugestanden hätte. Doch mangelte es im Zeitalter der Reichsgründung nicht an Gelegenheiten, sich auszuzeichnen, und bald schon war Vartek aufgrund seines Mutes und seiner Fähigkeiten im ganzen Reich bekannt. Seine Beförderung ließ nicht lange auf sich warten. Eine komplette Liste der Schlachten und militärischen Errungenschaften, die Vartek zugeschrieben werden, würde Euer Majestät zweifellos langweilen, weshalb ich mich mit der Feststellung begnügen möchte, dass er der vermutlich gefährlichste Mann war, der jemals eine volarianische Uniform trug.

Zur Zeit des kethischen Krieges kommandierte er ein Elite-Bataillon von Marinetruppen mit Namen »Die Seeadler«. Während der Schlacht von Lokar gewann er einiges Ansehen, hatte jedoch bis zum Ableben des Affen beim Landfeldzug kaum eine Rolle gespielt. Sein genaues Alter zu diesem Zeitpunkt ist nicht bekannt, lag jedoch vermutlich zwischen dreißig und dreiunddreißig, womit er der jüngste Offizier war, der je zu einem General ernannt wurde.

Für einen Mann von solch furchterregendem Ruf zeichnen viele zeitgenössische Beschreibungen Varteks ein überraschendes Bild: »Nie habe ich einen freundlicheren Menschen getroffen«, sagt Entril über ihn. »Gewann man seine Freundschaft, so war er einem auf alle Zeit in Brüderlichkeit und Großmut verbunden, denn einen Freund ließ er niemals im Stich.« Entrils Meinung mag davon beeinflusst sein, dass sich sein eigener Reichtum unter Varteks Patronage bedeutend vermehrte, doch bleibt sein Porträt dieses Mannes, der über hundert Gegner im Zweikampf besiegt haben soll, ein eigentümliches. Und Entril stand mit seiner Bewunderung Varteks nicht alleine da; sämtliche Quellen sind sich einig, dass ihm seine Männer außerordentlich treu ergeben waren, was Karvalev in einem seiner letzten erhaltenen Briefe niedergeschlagen vermerkte: »Sie haben nun ihren eigenen Tavurek. Unser Schicksal ist besiegelt.«

Vartek ist auch darin einzigartig unter den namhaften Volarianern, dass er sein ganzes Leben lang nur einen einzigen Sklaven besessen hat – eine Frau, die er während eines seiner Feldzüge gegen die Stämme der Nordberge gefangen genommen hatte. Ihr Name ist nicht überliefert, aber Entril beschreibt sie folgendermaßen:

Blass und langgliedrig, mit hübschen Gesichtszügen, die ihre wilde Herkunft kaum vermuten ließen. Mein General gestattete niemals, dass sie in irgendeiner Weise schlecht behandelt wurde, und seine wenige Freizeit verbrachte er stets in ihrer Gesellschaft, was ihm nicht wenig Kraft zu geben schien. Manche behaupteten gar, er würde sie um Rat fragen, was natürlich absurd ist.

Varteks erster Akt war es, alle Soldaten, die als Feiglinge bestraft werden sollten, zu begnadigen. Als Nächstes ging er daran, das Heer neu zu organisieren. Unfähige Kommandanten wurden entlassen und erhielten Gelegenheit, ihr Versagen durch Dienst als gewöhnliche Soldaten wiedergutzumachen. Dass sich die meisten dafür entschieden, zeugt von der Schande, die eine militärische Blamage in der volarianischen Gesellschaft mit sich brachte. Unterbesetzte Bataillone wurden zusammengelegt und unter den Befehl von Offizieren gestellt, die sich durch ihre Leistungen hervorgetan hatten. So kam es, dass ehemalige Kommandanten nunmehr von ihren Feldwebeln befehligt wurden. Insbesondere Entril profitierte von den Änderungen. Er wurde zum Auge des Generals ernannt – eine höchst einflussreiche Position – und war nicht nur für die Aufklärungseinheiten des Heeres verantwortlich, sondern avancierte auch zum Obersten Ratgeber Varteks.

Die wichtigsten Änderungen, die Vartek einführte, waren jedoch taktischer Natur. Die Seeblockade wurde verstärkt, da es nach wie vor kethischen Schiffen gelang, durch die Absperrkette zu schlüpfen. Die Belagerungslinien wurden unter den Befehl des Obersten Baumeisters des Heeres gestellt, und aus Volar schaffte man neue Apparaturen heran. Zudem untersagte Vartek jegliche weiteren Angriffe. Die volarianische Offensive bestand nunmehr darin, jeden Tag die Gräben um dreißig Meter zu verlängern, während Ballisten die kethischen Bogenschützen in Schach hielten. *»Jede Belagerung ist ein Epos«*, sagte Vartek zu Entril während eines Inspektionsgangs durch die Gräben, *»und dies ist nur der Eröffnungsvers.«*

Sechs Monate lang gruben sich die Volarianer durch die lockere rote Erde der eskethischen Ebene und schufen rund um den niedrigen Hügel, auf dem die Stadt sich befand, ein Netz aus Gräben. Heutzutage sind die Volarianer fremden Besuchern gegenüber sehr streng. Den Ankunftshafen darf man ohne volarianische Eskorte nicht verlassen, und auch dies nur mit besonderer Genehmigung durch einen Ratsherrn. Aufgrund dieser Einschränkungen werden Euer Majestät mir gewiss verzeihen, dass ich die Ruinen von Alt-Kethia nicht persönlich besichtigen konnte. Mir ist es jedoch gelungen, einen Volarianer mit künstlerischen Fähigkeiten ausfindig zu machen, der mir gegen Bezahlung einige Skizzen davon anfertigte, die diesem Abriss beigefügt sind. Euer Majestät werden feststellen, dass die Belagerungslinien bis heute als flache Abdrücke in der Erde sichtbar sind, die an den Stellen, wo sie auf die inzwischen verschwundenen Mauern treffen, zu tiefen Rinnen werden. Ebenhier trug Varteks Geduld schließlich Früchte.

Statt der traditionellen Form der Belagerung, bei der Steine gegen die Stadtmauern geschleudert werden, bis ein Durchbruch von ausreichender Breite entstanden ist, verlegten die volarianischen Baumeister sich darauf, die Mauern zu unterhöhlen. Um den Feinden kein eindeutiges Ziel zu liefern, befahl Vartek, vier Tunnel zu graben, zwei im Süden und zwei im Norden. Dadurch zog sich die Belagerung noch zwei weitere Monate hin, und Baumeister wie Sklaven arbeiteten bis zur Erschöpfung. Mit Meißeln machten sie sich an den Stadtmauern zu schaffen und ersetzten alten Stein durch Holz und fest geschnürte Bündel aus ölgetränkter Baumwolle.

Der große Angriff erfolgte an einem Tag, an dem traditionell des Todes der legendären Kriegerin Livella gedacht wird. Heute feiern die Volarianer an diesem Tag ein Spätsommerfest mit blutigen Spektakeln und Schwertkämpfen. In früheren Zeiten war dies jedoch ein für die Volarianer untypischer Tag des Friedens, an dem alle Männer sich gegenseitig Brüder und die Frauen einander Schwestern nannten. Im gesamten Verlauf der schaurigen Geschichte des Reiches hat kein Volarianer jemals am Livellastag eine Schlacht gekämpft – woraus Vartek zweifellos einen Vorteil zu ziehen hoffte.

Entril berichtet, dass der General um Mitternacht die Entourage des Heeres und die Sklaven anwies, laut zu singen und zu tanzen, um den Eindruck zu erwecken, als würde ein Fest gefeiert. Derweil versammelten sich die Angriffsbataillone in aller Stille im Norden und Süden, und die Baumeister schlichen mit Fackeln in die Tunnel. Entril beschreibt den darauf folgenden Angriff:

Vartek nahm seinen Platz an der Spitze der Seeadler ein, die mit Meuterei gedroht hatten, sollte es ihnen nicht gestattet sein, an der Seite des Generals zu kämpfen. Die Baumeister kamen aus den Tunneln gelaufen, aus denen schwarze Rauchwolken hervor-

drangen. Dann spuckten die Tunnelmündungen mit einem kehligen Brüllen Flammen aus, und eine Erschütterung durchlief die Erde zu unseren Füßen. Jeder Einzelne hielt den Atem an, während alle Blicke auf die Mauern gerichtet waren. Unzählige Gebete stiegen zu den Göttern auf. Einen Moment lang schien alles umsonst gewesen zu sein, denn die Mauern standen so unversehrt und massiv wie eh und je. Doch dann erhörten die Götter unsere Gebete, Steine stürzten herab und Staub wurde aufgewirbelt. In der Mauer bildeten sich zwei Breschen, jede etwa zwanzig Fuß breit. In jener Nacht erwarb sich mein General den Namen »Speerspitze«, denn er stürmte mit solcher Geschwindigkeit durch eine der Breschen, dass die Seeadler kaum Schritt halten konnten. Mit einem lauten Schrei rückten auch die übrigen Bataillone vor, kampfesmutig und blutdurstig. Wer konnte schon bezweifeln, dass wir in dieser Nacht den Sieg erringen würden? Bei Tagesanbruch musste die Stadt mit all ihren Reichtümern uns gehören.

Die Volarianer gingen vermutlich davon aus, dass die Belagerung so enden würde, wie sie es aus der Vergangenheit gewohnt waren – mit einer erbitterten Schlacht, in der die letzten Verteidiger vernichtet wurden, gefolgt von Plünderungen und Massakern. Wenn dem so war, mussten sie sich von dieser Vorstellung rasch verabschieden, denn als Vartek und seine Männer durch die Bresche stürmten, fanden sie dahinter keine Kether vor, die heldenhaft letzten Widerstand geleistet hätten. Stattdessen stießen sie auf weitere Mauern.

»Tavurek ist nicht untätig gewesen«, schrieb Entril am nächsten Tag an seine Frau, und aus seinen Worten sprach müde Verbitterung. »Während wir Tunnel gruben, baute er. Überall stellen sich unseren Männern dicke Mauern entgegen. Sie bilden eher ein Labyrinth als eine Barriere, sie sind äußerst verwinkelt und von unterschiedlicher Höhe. Wagt man sich dort hinein, verirrt man sich unweigerlich. Zudem gibt es immer eine Mauer, die höher ist als jene, die man gerade angreift. Die kethischen Bogenschützen sind inzwischen sehr treffsicher, und ihre Schleuderer stammen zweifellos von den Dermos ab. Heute habe ich gesehen, wie einem Mann aus über vierzig Schritt Entfernung ein Pfeil ins Auge geschossen wurde.«

Die »Labyrinthschlacht«, wie sie später genannt wurde, zog sich über mehrere Tage hin. Wann immer den Volarianern unter immensen Verlusten ein Durchbruch gelang, sahen sie sich ein paar Straßen weiter erneut einer Mauer gegenüber. Als Auge des Generals war es Entrils Aufgabe, inmitten des Schlachtgetümmels Tavurek ausfindig zu machen. Er verfasste mehrere Berichte – einer sonderbarer als der andere:

Er sprang in unsere Mitte, schlug vier Männern die Köpfe ab und löste sich in Luft auf, ehe wir reagieren konnten … Er setzte von einem Häuserdach zum nächsten – weiter, als es menschenmöglich war – und schoss im Sprung Pfeile auf uns ab … Ich sah, wie er unseren eigenen Feldwebel gegen uns kehrte. Er berührte ihn lediglich mit der Hand, und dieser begann, Soldaten niederzumachen, mit denen er jahrelang gemeinsam gekämpft hatte …

Am vierten Tag schien Vartek untypischerweise der Mut zu verlassen – sei es wegen der wachsenden Verluste (Entril schätzt, dass die Volarianer zu diesem Zeitpunkt bereits an die dreitausend Mann verloren hatten) oder einfach aus Erschöpfung. Jedenfalls brach er die Angriffe ab und zog sich nur mit seiner Sklavin in sein Zelt zurück. Mit merklichem Unbehagen berichtet Entril von »erhobenen Stimmen, die aus dem Zelt des Generals drangen. Die Frau flehte ihn vor Wut schluchzend an. ›Ihr wisst, was getan werden muss. Wovon dieses Ding beherrscht wird. Wenn Ihr jetzt zaudert, wird die ganze Welt in Flammen aufgehen!‹«

Ob die Worte einer einfachen Sklavin auf Vartek Wirkung hatten, darüber können nur Vermutungen angestellt werden. Jedenfalls verließ er sein Zelt am nächsten Morgen mit neuem Kampfgeist. Frische Truppen wurden in das Labyrinth geschickt, um alle bekannten Schwachstellen anzugreifen. Die Bataillonskommandanten hatten Befehl, ohne Unterlass Druck auszuüben. Vartek selbst sammelte die überlebenden »Seeadler« und bestieg mit fünftausend weiteren Männern Schiffe, die Entril zufolge »so schwer mit Truppen beladen waren, dass die Wellen über die Reling zu schwappen drohten«. Während in der Stadt der Kampf tobte, traf sich Vartek mit der volarianischen Flotte, welche die Seeblockade aufrechterhielt. Die Schiffe wurden in Formation gebracht, und man brach unverzüglich zu einem Angriff gegen den kethischen Hafen auf. Allerdings schien Tavurek ein solches Manöver vorausgesehen zu haben, denn als die Volarianer in den Hafen einfuhren, wurden sie von Salven aus Feuerpfeilen und brennenden Geschossen von neu gebauten Bliden und Mangonelen begrüßt. »Der Rauch erschwerte das Atmen«, schrieb ein volarianischer Kapitän später in sein Logbuch. »Die Schiffe lagen so dicht beisammen, dass ihre Masten an einen Wald erinnerten, der in der Dünung schwankte. Und überall loderten Flammen.«

Unerschrocken führte Vartek die »Seeadler« über die Decks der Flotte hinweg auf den Kai, wo ihnen das stehende Heer der Kether in wohlgeordneten Reihen entgegentrat. Der darauffolgende Kampf muss wild und blutig gewesen sein – Vartek wie immer mitten im Getümmel. Trotz ihrer Unterzahl gelang es Varteks »Seeadlern« den Kai lange genug zu halten, dass die volarianische Verstärkung sich über die in Rauch gehüllten Schiffsdecks vorarbeiten und dem Kampf anschließen konnte. Bei Einbruch der Dämmerung war der Hafen fest in volarianischer Hand, und über das Meer traf ein steter Strom neuer Truppen ein. Kethias Schicksal war besiegelt, wenngleich, wie Entril bezeugt, die Stadtbewohner dies durchaus nicht wahrhaben wollten:

Die ganze Stadt hat sich gegen uns erhoben. Alte wie Junge und Gebrechliche, durch unnatürliche Mittel zu übermenschlichen Bemühungen angestachelt. Kinder springen uns aus Fenstern und Hauseingängen an: dürre, zerlumpte Geschöpfe, die ihren Hass herausschreien, während sie nach uns stechen, kratzen oder beißen. Oft werden sie von ihren Müttern angetrieben, die ihnen ohne Zögern in den Tod folgen. Ich sah, wie ein alter Mann mit Lampenöl gefüllte Töpfe auf eine vorrückende Kompanie warf, um sich dann selbst anzuzünden und in ihre Mitte zu springen. Die Straßen sind Schlachtfelder und die Häuser Festungen. Einmal verlor ein Elite-Bataillon fünfzig Mann bei der Einnahme eines Kaufmannshauses, in dessen Überresten sie gerade einmal zwanzig Leute fanden – keiner von ihnen Soldat. In dieser Stadt ist zweifellos etwas Bösartiges am Werk.

Es dauerte noch einmal fünf Tage, bis man sich von Straße zu Straße und von Haus zu Haus bis zum Stadtzentrum vorgearbeitet hatte. Das namenlose Gebäude, in dem die Kether einst ihre Könige wählten, war in eine stabile Festung verwandelt worden. Es war von Barrikaden umgeben, und die Lücken zwischen den mächtigen Säulen waren zugemauert. Auf dem Dach drängten sich Bogenschützen und Schleuderer. In den blumigeren volarianischen Schilderungen bleibt Vartek an dieser Stelle stehen, um vor seinen erschöpften Truppen eine mitreißende und wohlformulierte Rede zu halten, in der er die Überlegenheit des volarianischen Volkes preist und den Kethern ihr verdientes Ende ankündigt. Von dieser Rede gibt es mehrere Varianten – in diesen Abriss habe ich jedoch keine davon aufgenommen, aus dem einfachen Grund, weil Vartek, wie Entril und andere Zeitgenossen bezeugen, eine solche Rede nie gehalten hat. Stattdessen befahl er seinen Truppen, das Gebäude zu umzingeln, sorgte dafür, dass alle Verwundeten zu den Heilern gebracht wurden, ließ Essen und Wasser verteilen und beorderte die Belagerungsmaschinen herbei, um die Bogenschützen vom Dach zu vertreiben und Löcher in die kethischen Barrikaden zu schießen.

Als schließlich der letzte Angriff eingeleitet wurde, war Vartek wieder der Erste, der durch die Bresche stürmte, wenngleich er auf den Anblick, der ihn im Inneren erwartete und der später von Entril beschrieben wurde, kaum gefasst gewesen sein dürfte:

Wir fanden nur Tote. Sie lagen eng umschlungen – Männer, Frauen und Kinder. Ihre Mienen waren heiter, an ihren Hälsen jedoch klaffte ein einzelner Schnitt. Mehr als viertausend zählten wir, die sich selbst getötet hatten. Und überdies freiwillig – lächelnd selbst noch, als das Blut aus ihren Adern rann. Dies war das einzige Mal, dass ich meinen General wütend sah. Er stürmte durch den kethischen Tempel und rief mit widerhallender Stimme nach Tavurek, forderte ihn auf, sich ihm zu stellen. Doch erhielt er nur das Lachen eines Wahnsinnigen zur Antwort. Wir fanden ihn auf seinem Thron vor, furchtlos und mit leeren Händen. Die große Axt hatte er beiseite geworfen. Mein General hob die Axt auf und schleuderte sie dem irren König vor die Füße. Er befahl ihm, sie aufzuheben und seinem Volk Ehre zu machen, indem er tapfer bis zum Ende kämpfte. Aber Tavurek lachte nur noch lauter. Mein General trat zu ihm und zog sein Schwert. »Was seid Ihr?«, hörte ich ihn fragen.

Das Lachen des Königs verebbte langsam, und er zuckte mit den Achseln. »Ich bin … sehr geduldig. All dies war höchst amüsant.«

Dann tötete mein General ihn mit einem Schwertstoß durchs Herz – eine weitaus größere Gnade, als er verdient hatte.

Von der kethischen Bevölkerung überlebten die Belagerung nur etwa dreitausend Menschen, die ob des Erlebten allesamt den Verstand verloren hatten. Wie es der Sitte entsprach, wurden die Männer hingerichtet und die Frauen und Kinder in die Sklaverei verkauft, wenngleich sie ihres verwirrten Geistes wegen wohl keinen sehr hohen Preis erzielt haben dürften. Über Karvalevs Schicksal ist nichts bekannt. Allerdings werden ihm die späteren Schriften eines atethischen Gelehrten zugeschrieben, um zu belegen, dass er den Untergang der Stadt überlebte. Diese Werke sind denen Karvalevs stilistisch tatsächlich sehr ähnlich, ihre Themen hingegen – eine Abhandlung über die erfolgversprechendsten Anbaumethoden von Kohl zum Beispiel – viel zu banal, um einem solchen Geist entsprungen zu sein.

Nach dem Ende des kethischen Feldzuges hörten Entrils Briefe auf, es ist jedoch bekannt, dass er einen Großteil seiner weiteren Laufbahn an Varteks Seite verbrachte. Gemeinsam kämpften sie in über zwanzig Feldzügen, während Volaria seine Herrschaft festigte und sich das Zeitalter der Reichsgründung seinem Ende zuneigte. Kurz vor seinem Tod wurde Entril zum Ratsherrn ernannt. Die von ihm begründete Dynastie verfügt bis heute über einen Sitz im Rat.

Vartek lehnte einen Ratssitz ab – der ihm angeboten wurde, obwohl er immer noch nur eine einzige Sklavin besaß – und zog stattdessen in eine Villa an der Küste in der Nähe von Varral. Es ist überliefert, dass er mehrere Kinder zeugte, die durch besonderen Erlass des Rates von Geburt an frei waren. Er starb mit neunundsechzig und verfügte in seinem Testament, dass die Mutter seiner Kinder nach seinem Tod aus der Sklaverei entlassen wurde und sein ganzer Nachlass in ihren Besitz überging. Seine vier Söhne traten sämtlich in die Armee ein – keiner von ihnen sollte jedoch an den Ruhm ihres Vaters heranreichen. Welcher Sohn kann schon einem solchen Schatten entkommen? Der Dynastie Vartek sollte kein langes Leben beschieden sein; der Name wurde während der großen Säuberung aus den Aufzeichnungen getilgt, möglicherweise weil die Familie einer unerwünschten Religion anhing. Einige Gelehrte behaupten, Varteks Nachfahren seien unter den Vertriebenen gewesen, die in das feuchte Nordland flohen. Sein Blut mag also noch in den Adern irgendeines ungebildeten und ungewaschenen Nordmenschen fließen.

Kethia ist heute lediglich eine Ruine auf einem Hügel über der florierenden Hafenstadt Neu-Kethia – errichtet von jenen, die ihre Vorgängerin dem Erdboden gleichmachten und ihr zu allem Überfluss auch noch den Namen stahlen. Es heißt, die Volarianer hätten nach dem Sturz der Stadt die Erde versalzen, damit auf dem verhassten Boden nie wieder etwas wüchse. Auf den Skizzen des in meine Dienste getretenen Volarianers werden Euer Majestät jedoch große Mengen Unkraut sehen, das zwischen den verwitterten Steinen sprießt – diese Behauptung gehört also vermutlich ebenso dem Reich der Mythen an wie zahlreiche andere eher unwahrscheinliche Aspekte dieser Geschichte.

Ich verbleibe, Hoheit, Euer bescheidener und treuer Diener,

Lord Verniers Alishe Someren.

Die Herrin der Krähen

Kapitel 1

»Du dummes, kleines Mistbalg!«

Als Derla auf Frentis zustürmte, wich er zurück, wenngleich sein Blick so trotzig blieb wie eh und je. Trotz war eine der Eigenschaften, die sie an ihm mochte – nur heute nicht. »Wenn du schon so etwas Verrücktes tust, hättest du den Scheißkerl auch gleich umbringen können!« Er zuckte zusammen, als sie ihm eine Kopfnuss verpasste, und zog sich mit mürrischer Miene weiter in die Zimmerecke zurück.

»Hätt ich ja, wenn ihn seine Leute nicht so schnell weggeschleppt hätten«, murrte er.

»Was hast du denn erwartet? Dass sie einfach nur dastehen und nichts tun?« Derla hob erneut die Hand, diesmal zur Faust geballt.

»Ich glaube, er weiß, dass er einen Fehler gemacht hat, Derl«, schaltete sich Livera mit ihrem weichen Singsang ein. »Stimmt doch, oder, Frentis?«

Derlas Faust schwebte in der Luft, aber Frentis nickte nur. Mehr Reue vermochte er offenbar nicht aufzubringen. Abgesehen von dem Trotz in seinen Augen sah er aus wie jeder andere zerlumpte Taschendieb in den Elendsvierteln Varinsburgs. Derla hatte stets gewusst, dass sich hinter diesen Augen eine tiefe Wut verbarg. Eine solche Verzweiflungstat hätte sie ihm aber dennoch nicht zugetraut.

»Gar nichts weiß er«, sagte Derla, senkte die Faust und wandte sich ab. Sie holte tief Luft und strich mit den Händen ihr grünes Satinmieder glatt, um sich zu beruhigen. »Hunsil wird deswegen eine Menge Blut vergießen.« Sie seufzte. »Und natürlich musstest du hierherkommen.«

»Ich bin über die Dächer gelaufen«, sagte Frentis. »Keiner hat mich gesehen.«

»Hunsil weiß, dass ich deine Beute verhökere. Und wenn nicht, dann wird es ihm einer seiner Leute stecken. Was meinst du, wie lange es dauern wird, bis sie an unsere Tür klopfen? Du kannst hier nicht bleiben.«

»Derl …« Livera trat zu ihr und ergriff mit ihren dunklen Händen die ihren. »Der Junge kann sonst nirgendwo hin.« Sie beugte sich vor und hüllte Derla mit ihrem Lieblingsduft ein, Jasmin und Geißblatt. Zweifellos hatte sie etwas davon aufgelegt, als sie Derla die Treppe zu ihren Zimmern hatte hochkommen hören. »Und er hat sich uns gegenüber immer anständig verhalten«, sagte Livera. »Mit den Sachen, die er uns gebracht hat, haben wir guten Gewinn gemacht.«

»Wofür er angemessen bezahlt wurde.« Derlas Entschlossenheit geriet ein wenig ins Wanken, als Livera sie mit ihren violett gefärbten Lippen auf den Hals küsste.

»Er ist ein guter Junge«, flüsterte Livera Derla ins Ohr. »Erinnert mich an meinen Bruder …«

»Deinen toten Bruder«, sagte Derla in schneidendem Ton, der Livera zurückschrecken ließ. Betroffenheit spiegelte sich in ihrem schmalen Gesicht. Beinahe hätte Derla doch noch nachgegeben, aber sie riss sich zusammen, entzog Livera ihre Hände und wandte sich wieder Frentis zu. *Einer von uns muss die unangenehmen Dinge tun.*

»Du musst aus Varinsburg verschwinden«, sagte sie mit Nachdruck zu dem Jungen und ging zum Kamin. Aus einem kleinen Kästchen, das unter dem Spiegel mit dem vergoldeten Rahmen stand, holte sie ein halbes Dutzend Silberstücke hervor. »Geh zum Hafen«, sagte sie und hielt Frentis die Münzen hin. »Da gibt es ein Schiff namens *Fernweh*. Der Bootsmann dort hat bestimmte … Vorlieben.«

Fragend verzog Frentis das schmutzige Gesicht. »Vorlieben?«

»Die Art Vorlieben, mit denen ein Junge sich eine Passage über die Erineische See verdienen kann.« Sie ließ die Münzen in der Hand klimpern. »Aber er erwartet trotzdem eine kleine Anzahlung.«

»Drauf geschissen …« Frentis lachte abschätzig.

»Glaubst du vielleicht, du hättest eine Wahl?« Derla packte den Jungen am zerlumpten Kragen und zog ihn auf die Zehenspitzen hoch. »Du hast dem miesesten Dreckschwein dieser Stadt ein Messer ins Auge geworfen. Was hast du denn gedacht, was dir als Nächstes blüht? Jubel, Trubel, Heiterkeit?«

»Ich werde meinen Arsch nicht an einen Seemann verkaufen! Nicht jeder hat Lust, eine Hure zu sein!«

Dieses Mal ließ sie ihrer Faust freien Lauf. Sie knallte hart gegen die Schläfe des Jungen und schickte ihn zu

Boden. Livera schluchzte auf. »Derl!«, schimpfte sie und lief zu Frentis. Derla achtete nicht auf Liveras vorwurfsvollen Blick, als diese dem Jungen hochhalf, schützend einen Arm um ihn legte und ihm das wirre, fettige Haar glättete. Frentis' Blick war so hell und trotzig wie eh und je.

»Wenn du meine Hilfe nicht willst, von mir aus«, sagte Derla, legte die Münzen wieder in das Kästchen zurück und ließ den Deckel geräuschvoll zuklappen. »Dann geh und belästige jemand anderen. Warum kriechst du nicht beim sechsten Orden unter? Schließlich bist du doch so dicke mit dem Welpen des Kriegsherrn.«

»Ich hab nie behauptet, dass er mein Freund ist«, gab Frentis zurück. »Nur dass ...«

»... dass er dir damals, als er auf dem Sonnenwenden-Fest einen Haufen Soldaten verprügelte, ein Messer geschenkt hat. Ich weiß.« Derla hielt sich am Kaminsims fest und musste den Zorn unterdrücken, der in ihr aufsteigen wollte und mit einer gehörigen Portion Furcht vermischt war. »Eigentlich ist das gar keine so schlechte Idee«, sagte sie nach kurzem Nachdenken. »Darauf wird Hunsil sicher nicht kommen. Jedenfalls nicht auf Anhieb. Immerhin bist du ein Waisenjunge und hast keine Familie, die dich an den Orden geben könnte.«

»Er kann da nicht hin«, sagte Livera und drückte Frentis an sich. »Dort sterben Jungen.«

»Und was glaubst du, was mit ihm morgen passiert, wenn er hierbleibt?« Derla beobachtete Frentis' Gesicht, als sie das sagte. Er schien in diesem Moment einen Entschluss zu fassen.

»Warum sollten sie mich dort aufnehmen?«, fragte er. »Einen Gossenjungen, der keine Familie hat, die ihn in die Hände des Glaubens geben kann?«

»Es muss kein Familienmitglied sein. Nur jemand, der für dich bürgt. Wie wäre es mit deinem freigiebigen Freund zum Beispiel?«

Frentis drückte noch einmal kurz Liveras Hand und löste sich dann von ihr. Er trat zu Derla. »Das hat wehgetan«, sagte er und rieb sich die Schläfe.

»Das sollte es auch, du vorlautes Balg.«

Sie sah aus dem Fenster. Draußen wurden die Schatten der Schornsteine auf den Dächern bereits länger. »Du kannst bis Einbruch der Dunkelheit bleiben. Geh nicht über die Dächer. Hunsils Jungs werden sie inzwischen beobachten. Im Keller gibt es einen Zugang zur Kanalisation. Du kennst doch sicher noch den Weg zu den Abflussrohren, die zum Salzfluss führen?«

»Klar«, sagte der Junge mit gekränktem Blick.

»Gut. Du wirst schwimmen müssen. Halt dich von den Brücken fern. Und wenn du aus der Stadt raus bist, nimm nicht die Straße. Solltest du morgen früh nicht beim Ordenshaus angekommen sein …«

»Das werde ich.« Er hielt inne, und ein dankbares Lächeln umspielte seine Lippen. »Sie werden trotzdem nach mir suchen«, sagte er. »Hunsils Leute.«

»Ja, das werden sie. Liv, mach dem Jungen ein bisschen Suppe warm. Wir wollen ihn nicht mit leerem Magen zum sechsten Orden schicken.«

Kapitel 2

Hunsil sandte Petzer und Schlepper, was Derla normalerweise fast schon als Beleidigung aufgefasst hätte. Doch waren seine verlässlichsten Leute wohl anderweitig beschäftigt.

»Dass ihr euch die Schuhe abtretet, ist anscheinend zu viel verlangt«, sagte sie statt einer Begrüßung und musterte mit tadelndem Blick die schmutzigen Abdrücke, die Petzers Stiefel auf ihrem edlen alpiranischen Teppich hinterlassen hatten.

Petzer sah aus, als wollte er entschuldigend die Schultern zucken, überlegte es sich dann aber anders. Sein schmales Gesicht mit der spitzen Nase verzog sich zu einem trotzigen Ausdruck. Schlepper war so in Liveras Anblick versunken, dass er gar nicht reagierte. Schließlich versetzte Petzer ihm einen Klaps gegen den Kopf. »Aufwachen, Dumpfbacke! Wir sind nicht zum Spaß hier, schon vergessen?«

»Als ob ihr beiden euch uns überhaupt leisten könntet«, sagte Livera, ohne von ihrer Stickerei aufzublicken. Sie saß am Fenster und arbeitete mit Nadel und Faden an einem Stück Seide in einem runden Rahmen. Ihr Faltenrock war lang genug, um die Dolche zu verdecken, die sie an beiden Beinen festgeschnallt hatte. Derla hatte ihr Messer in einer verborgenen Scheide in ihrem Kreuz – eine gebogene Fischerklinge, mit der man auf engem Raum rasch einen Bauch aufschlitzen oder eine Kehle durchschneiden konnte.

»Hüte deine Zunge«, knurrte Petzer, offenbar in dem Bemühen, gefährlich zu klingen. Dass er jedoch gleichzeitig einen Schritt rückwärts vom Teppich hinunter machte, nahm seinem bedrohlichen Ton die Wirkung. Derla hatte ihn immer für zu hasenfüßig gehalten, um einen guten Verbrecher abzugeben, heute jedoch war seine gewohnte Nervosität in nackte Furcht umgeschlagen. *Furcht ist schlecht. Sie macht selbst einen Feigling gefährlich.*

»Sagt uns, was ihr hier wollt, oder verpisst euch«, erklärte sie in einem Ton müder Verachtung. »Wir haben Termine einzuhalten.«

»Frentis«, sagte Petzer. »Wo ist er?«

»Woher soll ich das wissen?«

»Ihr verhökert sein Zeug. Das ist allgemein bekannt.«

»Die Hälfte aller Gossenjungen dieser Stadt bringt ihre Beute hierher. Aber das heißt nicht, dass ich ständig weiß, wer sich gerade wo aufhält.« Sie neigte den Kopf und setzte eine berechnende Miene auf. »Allerdings könnte ich ihn finden, wenn ich für meine Zeit und Mühe angemessen entschädigt werde. Was hat er denn ausgefressen?«

»Habt ihr etwa den ganzen Tag geschlafen, oder was?«, fragte Petzer. »Das komplette Viertel ist in Aufruhr.«

»Wir sind gestern erst spät im Bett gewesen«, sagte Livera und sah mit einem Lächeln zu Derla hin. »Haben nicht viel Schlaf bekommen, was, Derl?«

»Ach ja?«, sagte Schlepper in lüsternem Ton und trat einen Schritt vor. Derla roch den billigen Grog in seinem Bart.

»Wir sind nicht zum Spaß hier!«, erinnerte Petzer ihn und schlug ihm erneut gegen den Kopf. Dieses Mal reagierte der größere Mann mit einem Knurren und wirbelte zu seinem Kumpanen herum.

»Wenn ihr beiden Hohlköpfe euch prügeln wollt, dann macht das draußen«, sagte Derla.

Die Männer starrten einander noch einen Moment lang finster an und wandten sich dann wieder ihr zu. Schleppers Miene war mürrisch verzogen, wenngleich sein Blick erneut unweigerlich zu Livera hinwanderte.

»Hunsil hat letzte Nacht ein Auge verloren«, sagte Petzer. »Und daran ist Frentis schuld.«

»Was? Dieser dürre Welpe?«, spottete Derla. »Das glaub ich nicht.«

»Wir waren dabei«, erwiderte Petzer. »Er hat Hunsil aus fünfzehn Fuß Entfernung ein Wurfmesser ins Auge geworfen und ist dann über die Dächer verschwunden. Das hätte ein erfahrener Meuchelmörder nicht besser hingekriegt.«

Besser wäre gewesen, er hätte ihn tatsächlich umgebracht, dachte Derla und bemühte sich um einen überraschten Gesichtsausdruck.

»Also«, fuhr Petzer fort. »Von angemessener Entschädigung und so ’nem Quatsch will Hunsil nichts hören. Wenn wir ihm sagen, dass ihr uns nicht helfen wolltet, kommen wir als Nächstes mit anderen Befehlen zurück.«

Derla sagte nichts, sondern beobachtete nur, wie sich auf Petzers kahl werdendem Schädel der Schweiß sammelte. »Ihr wart also dabei«, sagte sie. »Solltet ihn wahrscheinlich bewachen, hab ich recht? Aber das ist in die Hose gegangen. Ich denke mal, dass er grad nicht so gut auf euch zu sprechen ist. Vermutlich ist er wütender auf euch beide als auf mich.«

»Sag uns einfach, wo er ist, Derla!« Mit gefletschten Zähnen machte Petzer einen Schritt auf sie zu.

Derla sah, wie Livera in ihrer Arbeit innehielt. Ihre Hände wanderten zu ihrem Rock. Derla widerstand der Versuchung, nach ihrem Messer zu greifen. Stattdessen zog sie nur müde eine Augenbraue hoch und fragte an ihre beiden Besucher gewandt: »Ist das wirklich eine gute Idee?«

Manchmal war es von Vorteil, einen Ruf als gewalttätig zu haben. Derla hatte ihn sich nach einem kurzen, aber reichlich blutigen Zusammenstoß mit einem volarianischen Kapitän verdient. Der Kerl hatte fast eine Woche lang ihre Dienste in Anspruch genommen und sich am Ende geweigert zu zahlen. Obendrein war er auch noch unhöflich geworden. Zwar hatte Derla das Geld, das er ihr schuldete, nicht aus ihm herausbekommen. Aber immerhin zog sie Befriedigung aus der Tatsache, dass er in Zukunft keine Obszönitäten mehr von sich geben würde – nachdem sie ihm die Zunge um zwei Zoll gekürzt hatte.

Schlepper reagierte auf ihre Worte gereizt, aber Petzer, der etwas Klügere der beiden, streckte eine Hand aus, um ihn zu beschwichtigen. »Wenn ihr nicht mit uns redet, schickt Hunsil als Nächstes andere, die weniger nett sind als wir«, sagte er.

Derla seufzte verärgert und wandte sich an Livera. »Du kennst das kleine Mistbalg doch am besten, Liv. Wo könnte er sich verstecken?«

»Er kennt sich in der Kanalisation besser aus als sonst jemand«, erwiderte Livera und schenkte Petzer ein liebliches Lächeln. »Besser sogar als du.«

»Die Abwasserkanäle wurden schon gründlich durchsucht«, sagte Petzer. »Er muss woanders sein.«

»Er hat immer davon gesprochen, genug Beute zu machen, um sich eines Tages eine Koje auf einem Schiff leisten zu können. ›Irgendwann werde ich dieses Höllenloch hinter mir lassen‹, hat er gesagt.«

»Am Hafen wurde auch schon alles auf den Kopf gestellt.«

»Liegt die *Fernweh* noch vor Anker?«, fragte Derla und erzählte dann von den Vorlieben des Bootsmanns. »Wenn ein Junge verzweifelt ist, nimmt er wahrscheinlich auch so eine Passage in Kauf«, fügte sie mit einem erklärenden Schulterzucken hinzu. In Wahrheit war sie in den frühen Morgenstunden zum Hafen geschlichen, um sich zu vergewissern, dass die *Fernweh* mit der Morgenflut abgelegt hatte. Glücklicherweise fuhr das Schiff in den Fernen Westen und würde frühestens in einem Jahr wieder nach Varinsburg zurückkehren.

»Wir werden nachsehen«, sagte Petzer und schob Schlepper zur Tür.

Der größere Mann blieb jedoch noch einmal stehen und sah Livera an. »Ich hab ein bisschen Geld …«, sagte er und griff nach einer Münzbörse an seinem Gürtel.

»Nicht für alles Gold der Welt«, sagte Derla und nickte in Richtung Tür. Schleppers Gesicht verfinsterte sich, aber er schlurfte pflichtbewusst hinter Petzer her, der sich bereits draußen im Flur befand. »Ich an eurer Stelle würde mich beizeiten aus dem Staub machen«, fügte Derla hinzu. »Wenn Hunsil erst einmal die ganze Stadt nach Frentis abgesucht hat, wird er an irgendwem seinen Ärger auslassen wollen. Wie ich höre, kann man an der Südküste zu Geld kommen, wenn man bereit ist, sich die Füße nass zu machen.«

Petzer sah ihr in die Augen und nickte grimmig, bevor er die Tür hinter sich schloss.

»Das hätte schlimmer laufen können«, sagte Livera ruhig, als die Schritte auf der Treppe verklungen waren. Derla ging zum Fenster und sah zu, wie die beiden Schurken sich über den Speicherweg zum Hafen entfernten.

»Wenn wir etwas Glück haben, werden sie Hunsil berichten, dass das Schiff abgelegt hat, und dann so schnell wie möglich aus der Stadt fliehen«, sagte sie.

»Hunsil könnte trotzdem noch jemand anderen schicken.«

»Ja«, stimmte Derla zu, ließ sich neben Livera nieder und ergriff ihre Hand. »Wir sollten uns eine Weile still verhalten. Keine gestohlenen Sachen mehr verhökern, bis sich alles wieder beruhigt hat. Und in den nächsten Wochen keine Verabredungen. Pack eine Tasche, falls wir schnell verschwinden müssen.«

»Aber Kwo hat gerade einen neuen Kunden an der Angel«, sagte Livera und zog einen Flunsch. »Ein nilsaelischer Kaufmann, der beim König eine Handelserlaubnis für Varinsburg erworben hat.« Sie legte Derla den Kopf auf die Schulter und sah sie wie ein Kätzchen mit bettelndem Blick an. »Kaufleute wissen so viel«, schnurrte sie. »Und denk nur an all die Waren, die seine Schiffe in die Stadt bringen werden. Seide und Porzellan, hat Kwo gesagt. Das ist ein großer Fisch, Derl. Wäre eine Schande, sich den durch die Lappen gehen zu lassen. Und Hunsil wird für solches Wissen sicher gut bezahlen. Vielleicht lässt er sich damit auch ein bisschen besänftigen.«

»Manchmal habe ich das Gefühl, ich habe dich zu gut unterwiesen«, murmelte Derla. »Wann?«

»Nächsten Oprian.«

»Und ist dieser Kaufmann ein zivilisierter Kerl oder wieder einer von Kwo Shas Perverslingen?«

Livera zuckte mit den zierlichen Schultern. »Angeblich ein Mann mit einfachem Geschmack. Leicht zufriedenzustellen.«

»Also gut.« Derla drückte ihre Hand. »Aber ich werde Gallis anheuern, damit er auf dich aufpasst. Nur für den Fall, dass dieser Kerl doch kein so einfacher Geselle ist. Und nimm dein Messer mit.«

Kapitel 3

Derla verbrachte den Oprianabend mit Lesen. *Der Aufstieg der Kaufmannskönige* von Aspekt Dendrish. Das Buch war ihr von einem ihrer Kunden empfohlen worden, einem Geschichtsforscher aus dem dritten Orden, der ihr im Austausch für einen ermäßigten Stundenpreis etwas Unterricht gab. Nachdem sie sich durch hundert Seiten schwülstiger Prosa geackert hatte, voller langatmiger Beschreibungen, aber arm an kritischer Beurteilung, neigte sie zu der Ansicht, dass ihr Kunde das Werk seines Aspekten wohl doch etwas überschätzte. Immerhin enthielt das Buch ein paar nützliche Statistiken über das Wachstum des Handels mit dem Fernen Westen seit dem Ausbruch der Roten Hand.

Davon fertigte sie eine Abschrift an, was etwa ein bis zwei Stunden dauerte. Neben Livera war die Ökonomie Derlas größte Leidenschaft, und in ihren Zimmern stapelten sich die Nachschlagewerke. Livera fand das alles höchst amüsant. »Was fängt eine Hure mit all diesen Wörtern und Zahlen an?«, hatte sie gefragt, als sie bei Derla eingezogen war.

»Der Geist bleibt länger gesund als der Leib«, hatte Derla gesagt. »Und ich habe nicht vor, im Alter in Armut zu leben.«

Sie war so in ihre Abschriften versunken, dass sie darüber völlig die Zeit vergaß, bis draußen leise die Mitternachtsglocke läutete. Zwar brachte ihr Beruf häufig späte Arbeitszeiten mit sich, doch gelang es Livera für gewöhnlich, ihre Kunden lange vor Glockenläuten zu befriedigen und nach Hause zurückzukehren. Eine Weile beschäftigte Derla sich noch mit ihrer Arbeit, doch bald schon lief sie unruhig im Zimmer auf und ab. Mit jeder Sekunde, die verstrich, wuchs ihre Besorgnis. Als Livera nach einer weiteren Stunde immer noch nicht zu Hause war, schnallte Derla sich ihr Messer um, zog ihren Umhang über und ging auf die Straße hinaus.

Als Erstes versuchte sie es beim Roten Anker, einer kleinen, aber respektablen Spelunke, wo Gallis gerne mal einen Schlaftrunk nahm, wenn er – was selten vorkam – Geld in der Tasche hatte. Die Taverne war bloß etwa zur Hälfte mit Gästen gefüllt, die so betrunken waren, dass sie bei ihrem Eintreten nicht einmal Pfiffe ausstießen. Von Gallis war nichts zu sehen, und der Wirt behauptete, ihn die ganze Nacht nicht zu Gesicht bekommen zu haben.

»Wahrscheinlich klettert er mal wieder die Mauern irgendeiner Villa hoch«, sagte der Mann mit einem Schulterzucken und beugte sich vor. »Du arbeitest nicht zufällig heute Nacht, Derl? Seit Einauge Stunk macht, ist es hier abends schrecklich langweilig.«

Einauge. Der Name war wohl unvermeidlich gewesen. Seit Frentis' Verschwinden hatte Hunsil in der Unterwelt von Varinsburg aufgeräumt wie lange keiner mehr. Es hieß, über ein Dutzend Leichen seien im Hafen versenkt worden. Die meisten hatte Hunsil selbst getötet – was er mit Vorliebe vor den Augen der Angehörigen des Opfers tat. Außerdem wurde gemunkelt, dass er seine Opfer vor dem Ableben in seine leere Augenhöhle blicken ließ und sie nach Frentis' Aufenthaltsort fragte. Er behauptete, der Geist seines Auges hätte die Fähigkeit, Lügen zu entlarven. Einauges Säuberungsaktion weckte so viel Furcht, dass in der Stadt kaum noch Verbrechen geschahen. Huren und Diebe blieben lieber zu Hause und hungerten, als die Aufmerksamkeit ihres neuen Königs auf sich zu lenken – denn genau das war Hunsil nun.

Derla schob dem Wirt ein paar Kupfermünzen über den Tresen, ohne auf sein Angebot einzugehen. »Sollte Gallis auftauchen, schick jemand mit der Nachricht zu mir«, sagte sie und verließ die Taverne.

Gallis wohnte in einer kleinen Mansarde über einem Schustergeschäft in der Pelzhändlergasse. Die Mieten waren hier günstig wegen des Gestanks, und Derla musste sich ein parfümiertes Taschentuch vor die Nase halten, als sie an die Tür des Schusters klopfte. »Der ist den ganzen Tag noch nicht hier gewesen«, sagte der verschlafen und eindeutig verärgert wirkende Hausbesitzer. »Und für hausierende Dirnen hab ich keine Zeit …«

Der Mann war schon recht alt und besaß nicht die Kraft, die Tür zu schließen, als Derla sich mit der Schulter dagegenstemmte. »Und ich bin nicht in der Stimmung, mich beleidigen zu lassen, du alter Knacker«, sagte sie leise zu ihm. Blitzschnell holte sie ihr Messer heraus und drückte es ihm gegen die Nase. »Sollte Gallis zurückkommen, sag ihm, Derla sucht nach ihm, und er soll sich gefälligst sofort bei mir melden.« Sie hielt das Messer gegen die warzige Nase des Schusters gedrückt, bis dieser langsam nickte.

Eine weitere Stunde lang suchte sie vergeblich sämtliche Etablissements ab, die Gallis oder Livera besucht haben könnten. Sie fand keine Spur von ihnen. Über den Dächern dämmerte bereits der Morgen, und sie zwang sich, nach Hause zurückzukehren. Als sie in den Speicherweg einbog, blieb sie abrupt stehen.

Die kleine Dot wartete vor ihrer Tür. Obwohl sie schon fast zwanzig Jahre alt war, maß Dot nur etwa drei Fuß. Ihr Miniaturgesicht, das sonst immer so fröhlich war, zeigte einen Ausdruck grimmigen Mitgefühls. »Meine Schwester schickt mich«, sagte sie. Furcht ballte sich in Derlas Magen zusammen. Dots Schwester, die große Dot, war in der Verbrecherwelt Varinsburgs als Heilerin, aber auch als Leichenbestatterin bekannt.

Derla machte noch ein paar Schritte, bevor sie erneut stehen blieb. In ihrem Kopf drehte sich alles, und einen Moment lang rang sie um Fassung. Die kleine Dot hatte die Hände gefaltet, und in ihren Augen standen Tränen. Sie mochte Livera – so wie jeder in Varinsburg.

»Ist sie tot?«, fragte Derla und war überrascht, wie ruhig ihre Stimme klang.

»Es tut mir so leid, Derl …«

»Und Gallis?«

»Verletzt, aber am Leben.« Dot trat einen Schritt vor und ergriff Derlas Hand. »Komm«, sagte sie, und Derla ließ sich schweigend mitziehen. »Wir müssen einiges besprechen.«

Kapitel 4

Die große Dot war weniger mitfühlend als ihre Schwester. Sie hatte die fleischigen Arme vor der Brust verschränkt und ihr feistes Gesicht war ausdruckslos, als Derla Liveras Leiche betrachtete. Derla wusste, dass es die Distanziertheit der erfahrenen Heilerin war, die schon seit Jahren Menschen über ermordeten Verwandten und Geliebten weinen sah. Doch Derla weinte nicht.

Dot hatte Liveras Leiche gesäubert, das Blut abgerieben und ihre dunklen Locken gewaschen. Außerdem hatte sie ihr ein einfaches Baumwollkleid angezogen, bevor sie sie in dem gewölbeähnlichen Keller, der ihr als Leichenhalle diente, aufgebahrt hatte. Ein Tuch bedeckte Liveras Hals, vermutlich um Derla den Anblick der Blutergüsse zu ersparen. Darüber hinaus hatte Dot Livera mit nahezu unsichtbaren Stichen die Lippen mit Katzendarm zugenäht, damit ihr der Mund nicht offen stand. Derla verspürte einen Anflug von Dankbarkeit, der sich jedoch gleich wieder legte.

Wir sind heute Nacht beide gestorben, dachte sie, während sie Liveras leblose Gestalt musterte. Sie hatte nicht das Bedürfnis, sie anzufassen und die Kälte ihrer Haut zu spüren. *Sie ist nicht mehr da.*

»Wie oft?«, fragte sie die große Dot, als sie den Blick von der Leiche abwandte.

Dot zögerte und runzelte leicht die Stirn. Diese Frage hatte sie offenbar nicht erwartet. »Wie *oft?*«

»Du hast gesagt, sie sei gewürgt und dann erstochen wurden. Wie oft hat der Täter zugestochen?«

Die große Dot blinzelte und wechselte einen Blick mit ihrer Schwester, die auf einem Schemel neben der Tür saß. »Sag es ihr«, drängte die kleine Dot leise.

»Ich hab insgesamt fünfzig Wunden gezählt«, sagte die große Dot in knappem, geschäftsmäßigem Ton. »Alle an Brust und Bauch.«

»Wurde sie vergewaltigt?«

Erneut ein Blinzeln und ein Blick zu ihrer Schwester. »Ihre Genitalien wiesen … Verletzungen auf«, sagte die große Dot schließlich. »Der Mangel an Blut lässt darauf schließen, dass es nach dem Tod geschehen ist.«

»Er hat sie also gewürgt, erstochen und dann ihre Leiche gevögelt«, sagte Derla nachdenklich. »Wer so etwas tut, macht es nicht nur einmal.«

»Etwas Ähnliches habe ich bisher noch nicht zu Gesicht bekommen«, sagte die große Dot. »Es ist Jahre her, dass der Hacker hier sein Unwesen getrieben hat, und mit dem haben wir ordentlich abgerechnet.«

Derla erinnerte sich an den Hacker, einen Deserteur aus dem königlichen Heer, der wohl zu viele Kämpfe gesehen und darüber den Verstand verloren hatte. Er hatte sich im Südviertel verborgen und einen Monat lang sämtliche Huren der Stadt in Angst und Schrecken versetzt. Niemand hatte sich mehr nachts vor die Tür gewagt. Schließlich war der Wahnsinnige von einer Menschenmenge am Hafen gefasst worden. Die Leute hatten ihn verprügelt und ihn dann einigen Damen überlassen, denen er übel mitgespielt hatte. Derla erinnerte sich noch sehr gut an seine Schreie – ein schlechtes Gewissen hatte sie deswegen nicht.

»Wahrscheinlich hat es in Nilsael ähnliche Fälle gegeben«, sagte sie zur großen Dot. »Wo wurde sie gefunden?«

»Im Hinterhof des *Schwarzen Ebers*«, sagte die kleine Dot.

Hunsils Kaschemme, dachte Derla. *Wo sich niemand darüber wundern wird, am Morgen eine Leiche zu finden.* Geschickt eingefädelt, aber sie durchschaute die List trotzdem. Einauge musste ihnen nicht so eine komplizierte Falle stellen. Er konnte einfach in den frühen Morgenstunden seine Jungs schicken, um ihre Tür aufzubrechen.

Sie gestattete sich einen letzten Blick auf Liveras Gesicht, das nun bloß noch ein schlaffes, bleiches Abbild der Frau war, die sie geliebt hatte. »Wo ist Gallis?«, fragte sie und wandte sich ab.

»Den Flur runter«, sagte die kleine Dot und sprang von ihrem Schemel. »Ich zeig's dir.«

»Derla«, sagte die große Dot und brachte sie damit zum Stehen. »Was soll mit ihr geschehen?«, fragte die Heilerin und deutete auf die Leiche. »Ich kenne einen diskreten Bruder des zweiten Ordens, der bereit wäre, ein paar Worte zu sprechen und sie dem Feuer zu übergeben.«

»Sie hat dem alpiranischen Glauben angehangen«, sagte Derla. »Dort werden die Toten begraben. Such … eine tiefe, unauffällige Grabstätte für sie. Ich komme für die Kosten auf.«

Gallis saß auf der Bettkante. Er hatte die muskulösen Arme um die Knie geschlungen und den Kopf gesenkt. Die große Dot hatte ihm die dichten schwarzen Haare abrasiert, um an die drei Schnittwunden an seiner Kopfhaut heranzukommen. Sie waren klein, aber tief. Die Nähte wirkten wie dunkle Spinnweben inmitten der grauen Haarstoppeln. Das Muster war Derla nur allzu vertraut. *Drei rasche Schläge mit einem Schlagstock. Es war mehr als ein Angreifer.*

»Kannst du reden?«, fragte sie Gallis.

Sein Kopf sank noch tiefer, und er ballte die langfingrigen Klettererhände zu Fäusten. »Ja«, murmelte er rauh. Seine Stimme klang angespannt, als litte er immer noch unter Schmerzen.

»Ich glaube, eine weitere Dosis ist angebracht«, sagte die kleine Dot und ging zu einem Tisch in der Nähe, auf dem ein irdener Krug und ein Becher standen. Sie goss etwas dunkle Flüssigkeit in den Becher und hielt ihn Gallis hin. Derla wusste, dass es eines ihrer stärkeren Schmerzmittel war – Rotblüte mit verschiedenen Kräutern vermischt, welche die einschläfernde Wirkung abschwächten. Während die große Dot Knochen richtete und Wunden nähte, verstand sich die kleine Dot auf das Mischen von Heilmitteln – manche davon sogar wirksamer als die Mittel des fünften Ordens.

»Ich will's nicht«, wehrte Gallis ab.

»Davon bekommst du einen klaren Kopf«, beharrte Dot und ergriff eine seiner Hände, die er sofort wieder wegzog.

»Trink es«, sagte Derla. »Mit vernebeltem Hirn nützt du mir nichts.«

Zum ersten Mal blickte Gallis zu ihr hoch. In seinen geröteten, feuchten Augen schimmerte mehr Schuldbewusstsein als Furcht. Schließlich blinzelte er und nahm den Becher von Dot entgegen. Er trank den Inhalt so schnell, dass er würgen musste.

»Lässt du uns bitte für einen Moment allein, Dot?«, sagte Derla. Sie wartete, bis die Heilerin die Tür hinter sich geschlossen hatte, und wandte sich dann wieder Gallis zu. Er hustete noch einmal und seufzte tief, wobei er Derla einen Blick zuwarf.

»Wenn du Blut willst, nur zu«, sagte er.

»Nicht deins«, erwiderte sie und setzte sich auf den kleinen Schemel neben dem Bett.

»Ich hab's vermasselt, Derl«, fuhr er fort und wich weiter ihrem Blick aus. »Hab nicht geleistet, wofür du mich bezahlt hast …«

Derla versetzte ihm eine heftige Ohrfeige, die einen roten Abdruck auf seiner Wange hinterließ und wieder etwas Leben in seine Augen brachte. »Wir haben einiges zu tun«, sagte sie. »Wenn wir damit fertig sind, kannst du dich von mir aus im Salzfluss ertränken. Aber bis dahin stehst du in meiner Schuld. Verstanden?«

Diesmal sah er ihr in die Augen. »Was immer du willst.«

»Ich will, dass du mir erzählst, was passiert ist.«

»Ich wurde überrumpelt. Das ist passiert. Ich hab wie

vereinbart Livera abgeholt und sie zu dem Treffpunkt gebracht, den Kwo Sha ihr genannt hatte. Ein paar Zimmer über der alten Töpferei in der Bergmannsgasse. Der Kunde lege Wert auf Verschwiegenheit, hat Livera gesagt. An der Straßenecke wurden wir überfallen. Drei Männer, die wussten, was sie taten. Ich habe gekämpft, Derl. Wirklich. Konnte noch mein Messer ziehen und bin mir ziemlich sicher, dass ich einen von denen im Gesicht erwischt hab. Aber …« Seine Hand wanderte zu den genähten Wunden auf seiner Kopfhaut. »Drei gegen einen ist nicht ganz fair. Ich bin erst bei Morgengrauen wieder wach geworden, und da war sie weg. Ich hab gesucht …« Er verstummte und senkte den Blick.

»Du hast einen von ihnen mit dem Messer erwischt?«, fragte Derla. »Konntest du sein Gesicht sehen?«

»Sie hatten Tücher umgebunden. Der, dem ich eins verpasst hab, müsste aber leicht zu erkennen sein. Hab ihn von hier bis hier aufgeschlitzt.« Gallis fuhr sich mit dem Finger vom Nasenrücken zum Kinn.

Für eine Weile schwieg Derla und ging in Gedanken ihre Möglichkeiten durch – auch um den Anblick von Liveras leblosem Gesicht mit dem zugenähten Mund zu verdrängen. *Sie wurden überfallen, bevor sie den Treffpunkt erreicht hatten. Das heißt, der Kunde wartete woanders.*

»Wir brauchen ein paar Leute«, sagte sie und stand auf. »Verlässliche Männer, die kein Problem damit haben, wenn ein bisschen Blut fließt.«

»Grad ist es nicht so leicht, Leute anzuheuern«, sagte Gallis. »Einauge hat sich zwar wieder beruhigt, aber nur ein wenig.«

»Biete ihnen zwei Goldstücke für ein paar Nächte Arbeit. Notfalls auch vier.«

Gallis runzelte zweifelnd die Stirn. »Ich weiß, dass du ganz gut verdienst, Derl. Aber das ist ein Haufen Geld.«

Eine Tote hat keine Verwendung mehr für Geld. »Verbürg dich für mich«, sagte sie. »Versichere ihnen, dass ich zahlen werde.« Sie ging zur Tür. »Bring sie heute Abend zu mir. Wir müssen Kwo Sha einen Besuch abstatten.«

Kapitel 5

Kwo Sha behauptete, der uneheliche Sohn der Lieblingskonkubine eines der Kaufmannskönige des Fernen Westens zu sein. Angeblich hatte seine Mutter eine verbotene Liebschaft mit einem niederen Höfling angefangen und war schwanger geworden. Daraufhin war sie aus dem Palast geflohen und hatte ihren Sohn in einem Versteck in den Bergen aufgezogen. Kwo erinnerte sich gern an seine Jugend in der Wildnis, wo seine Mutter ihn an ihren exzellenten Kenntnissen in Mathematik teilhaben ließ und ihn verschiedene Sprachen lehrte. Der Kaufmannskönig besaß jedoch große Macht, und sein Rachedurst war unstillbar. Als seine Soldaten ihre Spur aufnahmen, ergab sich Kwo Shas Mutter in ihr Schicksal. Im günstigsten Fall würde man ihr gestatten, Selbstmord zu begehen, und im schlimmsten würde sie eine perfide Art der Folter über sich ergehen lassen müssen, bei der tausend Skorpione und ein Bett voll rostiger Nägel zum Einsatz kamen. Ihren Sohn liebte sie jedoch über alles und sorgte dafür, dass er zur Küste auf ein Schiff gebracht wurde, das ihn weit weg in ein kleines, feuchtes Land tragen sollte, wo er vor der Rachsucht des Kaufmannskönigs sicher war. Seit Kwo Sha als Kind im Hafen von Varinsburg angekommen war, hatte er sich allein durchschlagen müssen. Dank des Unterrichts seiner Mutter fasste er jedoch im Gewürzhandel schnell Fuß und wurde mit der Zeit selber so etwas wie ein Kaufmannskönig. Nach außen hin gründete sein Erfolg auf den lukrativen Verträgen, die er mit Schiffskapitänen schloss, welche die Gewürzrouten nach Alpira und darüber hinaus befuhren. In Wahrheit rührte sein Wohlstand jedoch daher, dass er den Reichen und Mächtigen Varinsburgs spezielle Dienste vermittelte, die ihnen nur die Unterwelt bieten konnte.

»Sag mir, Kwo«, knurrte Derla und schob mit dem Fuß die Glas- und Keramikscherben beiseite, die im Geschäft des Händlers auf dem Boden verstreut waren. »Ist daran irgendetwas wahr?«

Kwo Sha sah zu ihr hoch. Blut strömte ihm aus der anschwellenden Nase und tropfte auf seine feinen Seidengewänder. Auf Derlas Anweisung hin hatten Gallis und die anderen den Händler nur kurz verprügelt, waren dabei aber rabiat genug zu Werke gegangen, um an ihren Absichten keinen Zweifel zu lassen. Klugerweise beschäftigte Kwo Sha drei Leibwächter. Klüger wäre es aber gewesen, noch mehr einzustellen. Sie lagen blutüberströmt und bewusstlos auf dem Boden des verwüsteten Geschäfts, während sich Derlas neue Angestellte bei den Schmuckstücken und anderen Waren bedienten, die unversehrt geblieben waren. Neben Gallis waren es noch fünf andere, die allesamt für nur ein

Goldstück arbeiteten – ein weiterer Beweis für Liveras Beliebtheit.

»Deine faszinierende Lebensgeschichte meine ich«, sagte Derla und ging neben Kwo Sha in die Hocke. Lächelnd legte sie den Kopf schief und hob eine Augenbraue. »Es ist alles gelogen, oder? Deine Mutter war keine tragische Heldin, die ihren geliebten Bastard vor einem bösen König rettete. Eher schon eine Schiffshure, die dich auf den Stufen eines Waisenhauses ausgesetzt hat, bevor sie wieder in den Dreckskahn einstieg, mit dem sie hergekommen war. Ich wette, du hast sie nicht einmal kennengelernt. Es ist dein Akzent, weißt du? Unter all den weichen Vokalen klingst du durch und durch wie ein echter Varinsburger. Ich hab doch recht, oder?«

Sie griff nach hinten und zog ihr Messer aus der Scheide. Kwo Sha riss beim Anblick der gebogenen Fischerklinge die Augen auf. »Deine Mutter war eine Hure«, sagte Derla und drückte die Messerklinge gegen seine Wange. »Genau wie ich … und Livera.«

Er versuchte, etwas zu sagen, doch aus seinem Mund blubberte nur roter Schaum. Derla wartete, bis er wieder sprechen konnte. »Ich hab's … nicht gewusst.«

»Wie ungewöhnlich für dich.« Derla legte etwas Druck auf die Klinge, sodass sie in Kwo Shas Haut schnitt – tief genug, dass Blut den Stahl färbte. »Wo du doch sonst alles weißt.«

»Der Kunde …«, brabbelte Kwo Sha eilig, »wollte eine Alpiranerin … Ein nettes Mädchen, hat er gesagt. Er war neu in der Stadt. Ich wusste nichts von seinen Vorlieben …«

»Du bist ein erstaunlich schlechter Lügner, Kwo.« Erneut drückte sie mit der Klinge zu, und noch mehr Blut trat aus der Wunde aus. »Er hatte Hilfe. Einheimische, die wussten, wo man am besten eine Leiche ablädt. Wo hätte er die herhaben sollen, wenn nicht von dir?«

»Er hatte seine eigenen Leute …« Kwo Sha kreischte schmerzerfüllt auf, als Derla noch fester zudrückte. »Meldeneer«, fügte er rasch hinzu. »Dem Aussehen nach Piraten. Die kennen diese Stadt so gut wie jeder Einheimische.«

Derla sah zu Gallis hinüber, der mit seiner blutigen Keule in der Nähe stand. »Könnte sein«, sagte er mit einem Schulterzucken. »Allerdings hätten Piraten mich wahrscheinlich nicht am Leben gelassen. Die Meldeneer sind nicht gerade für ihre Barmherzigkeit bekannt.«

»Dann hätten sie aber eine weitere Leiche entsorgen müssen«, sagte sie. »Und ich könnte mir vorstellen, dass sie in Eile waren.«

Derla schaute zu Kwo Sha hinab, dessen Blick erleichtert wirkte, als sie das Messer von seiner Wange nahm. Doch kehrte die Furcht sofort in seine Augen zurück, als sie es ihm stattdessen an die Kehle hielt. »Ich weiß, dass Verschwiegenheit den Grundstein deines Geschäfts bildet«, sagte sie. »Deshalb werde ich dir ein höchst lukratives Angebot machen, um deine lobenswerten Skrupel zu überwinden. Verrat mir den Namen deines Kunden und seinen Aufenthaltsort, und ich werde dir nicht die Zunge durch das Loch ziehen, das ich jetzt gleich in deine Kehle bohren werde.«

»Hübsches Haus«, sagte Gallis. Gier funkelte in seinem Blick, während er die Villa betrachtete. Es war wohl zu viel verlangt, dass er seine diebischen Triebe einmal für eine Nacht vergaß. Das Haus war tatsächlich beeindruckend – drei Stockwerke hoch, mit zahlreichen Glasfenstern anstatt der sonst üblichen Fensterläden. Es lag ein wenig nördlich der Stelle, wo der Salzfluss tiefer wurde und eine Biegung machte, wodurch eine tränenförmige Einbuchtung entstand. Hier hatten viele Kaufleute der Stadt ihre Häuser errichtet. Tiefe und Verlauf des Flusses schotteten sie von den weniger begehrenswerten Vierteln Varinsburgs ab. Dennoch war der Hafen nur eine kurze Kutschfahrt entfernt.

Sie hatten nach dem zehnten Glockenschlag den Fluss überquert, mit Hilfe eines etwas undichten Boots, das ihnen ein Kahnführer aus Gallis' Bekanntschaft überlassen hatte. An Land versteckten sie sich im tiefen Schatten der Außenmauer des Hauses, während Gallis durch den Gitterzaun lugte, um zu schauen, wie sie am besten hineingelangen konnten.

»In einem solchen Haus gibt es bestimmt viel zu holen«, fuhr er fort, und sein Tonfall klang fragend.

»Bring mich hinein, dann gehört das Haus dir«, sagte sie.

»Kwo hat gemeint, der Kerl hätte eine Frau und zwei Töchter.«

Derla blickte ihm in die Augen und sah dort eine andere, gewichtigere Frage. »Die kümmern mich nicht«, sagte sie. »Und euch auch nicht«, fügte sie so laut hinzu, dass ihre fünf Kumpane es ebenfalls hören konnten. »Fesselt und knebelt sie. Mehr nicht.«

»Und die Piraten?«

»Die überlasse ich dir. Aber sieh zu, dass du nicht zu schnell mit ihnen fertig bist.«

»Also gut.« Er hängte sich die Seilrolle über die Schulter und ging zum Zaun. Dort angekommen schaute er noch einmal zu ihr zurück. »Du hättest Kwo umbringen sollen. Das weißt du doch, oder?«

Sie antwortete nicht, sondern wedelte nur ungeduldig mit der Hand. *Los jetzt.* Gallis legte eine Ledermaske an, die seine obere Gesichtshälfte verdeckte, und sprang dann grinsend am Zaun hoch. Er packte die Spitzen der Zaunpfähle und schwang sich in einer mühelosen Darbietung seiner Kunst hinüber. Er landete leise, warf einen kurzen Blick auf die umliegenden Blumenbeete und winkte dann den anderen. Augenblicklich kletterten auch sie über den Zaun und sammelten sich geduckt neben Gallis. Er bedeutete ihnen zu folgen und sprintete über den Rasen hinweg auf das Haus zu. Derla verlor die Männer aus den Augen, als sie um die Nordmauer der Villa bogen. Jetzt konnte sie nur noch abwarten.

Ihr Blick wanderte von einem dunklen Fenster zum nächsten, und sie lauschte, ob sich irgendwo etwas rührte, während sich die Minuten endlos in die Länge dehnten. Sie wusste, dass Gallis an der Rückwand des Hauses hochklettern und dort nach einem offenen Fenster oder einer anderen Einstiegsmöglichkeit suchen würde. War er schließlich drinnen, würde er seinen Männern das Seil hinunterwerfen, und dann ging es richtig zur Sache. Sie stellte fest, dass ihre Hände zitterten und die Handflächen feucht waren. Seit Liveras Leiche gefunden wurde, hatte sie außer einer festen Entschlossenheit kaum etwas gespürt, und nun stellte sich Furcht ein?

Ist es denn Furcht?, fragte sie sich und wischte sich die Hände am Rock ab. *Oder eher Vorfreude?*

Kurz darauf erfolgte das Signal – eine Öllampe, die in einem der Fenster an der Vorderseite des Hauses aufflammte. Es kam so abrupt, dass es fast schon unheimlich wirkte, denn sie hatte nicht ein einziges Geräusch gehört. Derla verließ ihr Versteck und ging zum Haupttor. Es war geschlossen, aber nicht verriegelt – ein weiterer Fehler des Villenbesitzers.

Gallis öffnete ihr mit einer übertriebenen Verbeugung die Tür und trat beiseite, um sie in die Eingangshalle mit dem Marmorboden zu lassen. Eine geschwungene Treppe führte zum ersten Stock hinauf. Auf dem Boden lagen vier Menschen – der Kleidung nach Bedienstete. Ihre Hände waren auf dem Rücken gefesselt, und sie hatten Knebel im Mund. Dahinter standen Gallis' Leute. Manche von ihnen hielten bereits silberne Kerzenständer und andere Wertgegenstände in den Händen.

»Wo ist deine Maske?«, fragte Gallis und musterte skeptisch die Bediensteten, die Derla mit feuchten Augen ansahen.

»Ich brauch keine«, sagte sie.

Gallis murmelte einen Fluch und befahl dann den Dienern, die Augen zu schließen. »Fest zubehalten, ihr verdammten Speichellecker«, knurrte er. »Sonst vergesse ich noch, dass ich heute Abend nett sein soll.«

Derla ging zur Treppe, auf deren untersten Stufen eine Leiche lag. Es war ein großer, breitschultriger

Geselle, dessen Gesicht recht ansehnlich gewesen wäre, hätte sich nicht von der Nase zum Kinn eine frische Narbe hingezogen. Blut floss aus mehreren Stichwunden, die durch sein zerrissenes Hemd sichtbar waren.

»Zu schnell für meinen Geschmack«, sagte Gallis, der neben sie trat. »Aber trotzdem befriedigend.« Er zögerte. »Wir haben sie nicht alle erwischt. Die beiden anderen sind in den Keller gerannt. Einen haben wir abgemurkst, als er die Kohleschütte hochklettern wollte, der andere konnte abhauen.«

»Was ist mit der Frau und den Töchtern?«, fragte Derla.

»Gefesselt in einem der Schlafzimmer, wie du's uns gesagt hast. Der Kaufmann ist in der Bibliothek, die Treppe hoch links.«

»Du und die anderen, ihr solltet euch lieber nehmen, was ihr tragen könnt, und dann von hier verschwinden. Dieser Pirat wird bestimmt die Stadtwache rufen oder jemandem Bescheid sagen, der das tun wird.«

»Ich denke, wir haben noch eine halbe Stunde, bis sie hier auftauchen. Es macht mir nichts aus zu warten.«

»Mir schon.« Derla begann, die Treppe hochzusteigen, blieb dann aber noch einmal stehen, band die Geldbörse von ihrem Gürtel los und warf sie ihm hin. »Eure Bezahlung. Sieh zu, dass jeder seinen Anteil bekommt.«

Er blickte auf die Geldbörse in seiner Hand, in der sich doppelt so viele Münzen befanden, wie sie ihnen versprochen hatte. Als er wieder hochschaute, stand Verstehen in seinem Blick. »Es ist nicht nötig, dass du heute stirbst«, sagte er.

»Ich bin schon gestorben.« Sie wandte sich ab und stieg weiter die Treppe hoch. »Da kann ich es auch gleich noch offiziell machen.«

»Du hättest vorsichtiger sein sollen«, sagte Derla zu dem Kaufmann und legte ihr blutverschmiertes Messer auf seinen Schreibtisch. »Und Kwo Sha gegenüber ehrlicher. Hättest du ihm deine wahren Absichten verraten, hätte er dich sicher jahrelang mit passenden Opfern versorgt. Und wir beide wären uns nie begegnet.«

Sie ging zu den gut bestückten Bücherregalen der Bibliothek und fuhr mit dem blutigen Zeigefinger darüber. Einige Bände waren nur zur Zierde da – die Klassiker, die ein jeder wohlhabender Bürger des Reiches in seinem Haus haben musste. Sie waren an den makellosen Rücken leicht zu erkennen, während man anderen ansah, dass sie oft gelesen wurden. Bei einem bestimmten Buch blieb Derla stehen – einem dicken Wälzer mit dem Titel *Mythen und Legenden des alpiranischen Reiches,* der in verblichenen Goldlettern auf den Rücken gestanzt war.

»Ah«, sagte sie und nahm das Buch aus dem Regal. »Lord Al Averns viel gepriesenes Erstlingswerk. Mir scheint, Ihr habt Geschmack, Herr.«

Sie öffnete das Buch und blätterte es durch. Die Seiten wurden von zahlreichen Anmerkungen in einer krakeligen, nahezu unlesbaren Schrift verunziert. Wörter waren unterstrichen und Textstellen eingekreist. An den Rändern befand sich ein dichtes Gekritzel, dem Derla nichts Sinnvolles entnehmen konnte, wenngleich die Worte »Schönheit« und »Blut« häufig darin vorkamen. Mit dem Buch in der Hand setzte sie sich auf den Stuhl gegenüber dem Schreibtisch und blätterte durch die mit fiebrigem Kauderwelsch vollgeschriebenen Seiten. Bei der Titelseite des letzten Kapitels mit der Bezeichnung »Rhevenas Pfade« hielt sie schließlich inne. Hier war das Gekritzel so dicht, dass es sogar den Text verdeckte. Die krakeligen handgeschriebenen Buchstaben überlappten einander und bildeten eine unlesbare Masse, aus der an mehreren Stellen der Begriff »DAS DUNKLE« hervorstach.

»Alpiranische Legenden, alpiranische Opfer«, grübelte sie und sah den Kaufmann über das Buch hinweg an. »Und eine krankhafte Faszination für das Dunkle. Was bist du doch für ein kurioser Irrer.«

Derla schloss das Buch und warf es beiseite. Sie lehnte sich auf dem Stuhl zurück und sah in die leeren Augenhöhlen des Mannes hinter dem Schreibtisch. »Hast du zuerst mit ihr geredet?«, fragte sie. »Das wäre für dich sicher interessant gewesen. Sie kannte viele alte Legenden aus ihrer Heimat, auch wenn sie für sie keine Legenden waren und sie immer ganz eingeschnappt war, wenn ich sie als solche bezeichnet habe. ›Über die Geschichten der Götter macht man sich nicht lustig‹, sagte sie. Livera war ein fröhlicher Mensch, nur wenn es um ihre Götter ging, da verstand sie keinen Spaß. Obwohl die ihr nie besonders wohlgesonnen waren. Ihr Vater hat sich aus dem Staub gemacht, nachdem ihre Mutter bei der Geburt ihres Bruders gestorben war. Und der Junge starb noch vor dem zehnten Lebensjahr an einem Fieber. Sie hat mir nie die Wahrheit darüber verraten, warum sie aus dem alpiranischen Reich geflohen war. Die Geschichte änderte sich ständig. Erst hieß es, sie hätte einem miesen Zuhälter entkommen wollen. Dann wieder behauptete sie, einen Kunden geheiratet zu haben, was sich als Fehler erwiesen hätte. Um ihm zu entfliehen, war sie heimlich mit einem Schiff in die Vereinigten Königslande gereist. Nicht, weil er ein schlechter Mensch gewesen wäre, sondern einfach nur langweilig. Langeweile hat sie nie ertragen können.«

Derla spürte etwas Feuchtes auf ihren Wangen, das sich zu den klebrigen Blutspritzern gesellte, die aus den Adern des Kaufmanns stammten. »Ach, wie peinlich«, sagte sie und berührte mit dem Finger die Tränen. »Ihr müsst mir vergeben, Herr. Ich bin für solch feine Gesellschaft nicht geschaffen.«

Ihr Blick wanderte von den ausgestochenen Augen des Kaufmanns zu seiner nackten Brust, auf der sich achtundvierzig präzise angeordnete Stichwunden befanden. Derla war immer schon gut im Rechnen gewesen, und durch ihren Beruf kannte sie sich auch mit Anatomie hervorragend aus, sodass es nicht allzu schwierig gewesen war, ihn bis zu den letzten beiden Stichen am Leben zu halten. Angesichts der bestialischen Gewohnheiten des Mannes hatte sie allerdings mehr von ihm erwartet – einen gewissen bösartigen Trotz zumindest oder vielleicht einen Einblick in seinen offensichtlich kranken Geist. Doch hatte er sich wie jeder andere verhalten, der urplötzlich von einer rachsüchtigen Hure an einen Stuhl gefesselt und langsam zu Tode gefoltert wurde. Selbst nachdem sie ihm die Augen ausgestochen hatte, war er noch eine Weile am Leben geblieben und hatte darum gebettelt, sie möge seine Familie verschonen. Irgendwann war ihm schließlich der Kopf auf die Brust gesunken, und er hatte mit einem leisen, beinahe wehmütigen Seufzer diese Welt verlassen. Die ganze Zeit über hatte sich Derla wie betäubt gefühlt. Ihr Herz hatte ruhig geschlagen, ohne dass sich Freude oder Mitleid geregt hätten. Erst jetzt, als es vorbei war, kamen ihr die Tränen.

Vom Erdgeschoss her vernahm sie mehrmals ein lautes Poltern, rasch gefolgt vom Geräusch splitternden Holzes. Derla stand auf, und ihr Blick fiel auf das Messer auf dem Schreibtisch. Wenn sie es beim Hereinkommen der Stadtwache in der Hand hielte, würde dies viel ermüdendes Hin und Her ersparen.

Nein, flüsterte eine Stimme in ihrem Kopf. Liveras Stimme. So klar und deutlich, als stünde sie hinter ihr. Derla erstarrte, ein Frösteln mischte sich mit der Freude in ihrer Brust.

»Du bist nicht hier«, knurrte Derla grimmig. »Es gibt kein Flüstern im Wind. Ich wollte nur noch einmal deine Stimme hören. Du und ich, wir sind beide gestorben.«

Nein, sagte Liveras Stimme, voll der lieblichen Freundlichkeit, die sie das Leben gekostet hatte. *Du bist es nicht.*

Derla ließ die Hand sinken. Sie drehte sich um, als der erste Wachmann mit gezogenem Schwert ins Zimmer gestürmt kam – ein bärtiger Feldwebel, der bei dem Anblick, der ihn erwartete, erschrocken zurücktaumelte.

»Ihr Mistkerle habt euch aber wirklich Zeit gelassen«, sagte Derla und stemmte die Hände in die Hüften.

Kapitel 6

Der Mann musste sich ein wenig bücken, um ihre Zelle zu betreten, so groß war er. Er war alt – die Runzeln in seinem Gesicht und die ergrauten Haare verrieten ihr das –, doch besaß er die selbstbewusste Haltung eines weitaus jüngeren Mannes. Und in seinen Augen erkannte Derla einen Scharfsinn, der mit dem Alter nicht verblasste.

Der Schein der Lampe des Gefängniswärters fiel auf den Hermelinbesatz am Umhang des Mannes, während dieser sie für eine Weile schweigend musterte. Es war das erste richtige Licht, das Derla seit über einer Woche sah. Sie befand sich irgendwo tief unter der Erde, das wusste sie. An einem Ort, der weit von den Gewölben entfernt war, in die man sie ihrer Erwartung nach hätte sperren müssen, damit sie dort bis zu ihrer Anhörung vor dem Magistrat und ihrer unvermeidlichen Hinrichtung ausharrte. Stattdessen war sie ein paar Tage im Gebäude der Stadtwache festgehalten worden, und am Ende hatte man ihr einen Sack über den Kopf gestülpt. Dann war sie vorwärtsgestoßen und in eine Kutsche verfrachtet worden und später eine endlos lange Treppe hinuntergestolpert, bis man ihr ohne ein Wort den Sack wieder vom Kopf genommen hatte. Kurz hatte sie noch gesehen, wie ihre Zellentür zuschlug, seither herrschte Dunkelheit. Nur einmal am Tag flackerte Laternenlicht auf, wenn der Gefängniswärter durch einen Schlitz am unteren Ende der Tür Brot und Wasser hereinschob.

All das sollte sie vermutlich in den Wahnsinn treiben – man ließ die abscheuliche Folterin bis ans Ende ihrer Tage in der Dunkelheit schreien und wimmern. Aber sie wurde nicht wahnsinnig. Sie wartete. Etwas in ihrem Inneren sagte ihr, dass es bei dieser Tortur um mehr ging als nur darum, sie zu bestrafen. Und offenbar hatte sie recht gehabt.

Sie saß mit dem Rücken gegen die Wand gelehnt da, die Knie hochgezogen, und erwiderte den Blick des alten Mannes, bis dieser sagte: »Begrüßt du so etwa deinen König?«

Als er den Kopf drehte, sah sie es – eine hervorstechende Nase und ein markantes Kinn. Dieses Profil kannte sie gut. Schließlich hatte es sich auf jeder Münze befunden, die sie in den letzten zehn Jahren verdient hatte.

Derla kam hoch, machte einen tiefen Knicks und hielt den Kopf gesenkt, bis er weitersprach. »Also gut. Gib mir die.« Sie blickte auf und sah, dass er dem Gefängniswärter die Laterne abnahm. »Schließ die Tür. Ich klopfe, wenn ich dich brauche.«

Der Gefängniswärter zögerte, und seine stumpfsinnigen Züge verhärteten sich, als er Derla ansah. »Die soll ziemlich gefährlich sein, Hoheit …«

»Ich klopfe, wenn ich dich brauche«, wiederholte der König leise, aber bestimmt. Der Gefängniswärter löste sich förmlich in Luft auf, so eilig hatte er es, aus der Zelle zu kommen. Mit lautem Widerhall schlug die Tür zu.

»Hast du eine Ahnung, wo du bist?«, fragte der König Derla, als der Knall verklungen war.

Derla begann unterwürfig zu nicken, aber der König unterbrach sie. »Ach!«, rief er. »Genug damit! Sprich laut und deutlich, Frau.«

»Ich befinde mich nicht in den Gewölben«, sagte Derla und musste schlucken, um weitersprechen zu können. Die tagelange Stille machte das Sprechen ungewohnt. Ihre Stimme klang in ihren Ohren viel zu ruhig und unbeteiligt.

»Das ist richtig«, bestätigte der König. »Wo könnte es sonst sein? Die Schwarzfeste vielleicht?«

»Nur Leugner und Leute, die behaupten, sich des Dunklen zu bedienen, landen in der Schwarzfeste. Und ich bin weder das eine noch das andere. Außerdem ist die Kutsche, mit der ich hergebracht wurde, den Flickschusterweg entlanggefahren und hat dann die Brücke südlich der Wächtersbiege überquert.«

»Woher weißt du das?«

»Je weiter man sich dem Nordviertel nähert, desto glatter werden die Pflastersteine, und diese Brücke besitzt den höchsten Bogen der Stadt.«

Ein Ausdruck flackerte über das Gesicht des Königs – zu schnell, als dass sie ihn genau hätte deuten können, es war jedoch entweder Belustigung oder Befriedigung. »Sehr scharfsinnig. Du wirst daraus sicher unschwer ableiten können, wo du dich befindest.«

In der Tat war Derla diese Möglichkeit bereits in den Sinn gekommen. Sie hatte sie jedoch verworfen, weil sie ihr zu absurd erschien. Anscheinend sollte sie auch darin recht behalten. »Im Palast«, sagte sie. »Ich befinde mich im Palast.«

»Etwa dreißig Fuß unter dem Weinkeller, um genau zu sein, aber richtig erkannt.«

Der König trat näher und beleuchtete mit der Laterne Derlas Gesicht. Seine Augen verengten sich, während er sie musterte, und sie wusste, dass es nichts mit Wollust zu tun hatte.

»Weißt du, wie viel der Mann, den du getötet hast, wert war?«, fragte er.

»Sicherlich eine ganze Menge Geld.«

»Wert lässt sich nicht nur in Geld bemessen. Ich rede nicht von dem Gold, das er angehäuft hat, oder von den Schiffen und Häusern, die er besaß. Ich meine seinen Wert für dieses Reich. Insbesondere seinen Wert für mich.«

»Welchen Wert könnte ein gerechter König schon einem solchen Perversling und Mörder beimessen?«

»Gar keinen.« Die Zähne des Königs glänzten gelb im Laternenschein, als sich sein Mund zu einem Lächeln verzog. »Für mich hingegen war er sehr wertvoll. Meine Herrschaft über dieses Reich mag nicht immer gerecht sein, doch ist diese Ungerechtigkeit den Umständen geschuldet. Ich wusste nichts von den merkwürdigen Vorlieben des Kaufmanns, und hätte ich davon gewusst, so hätte ich ihn zweifellos hinrichten lassen, bevor du ihn töten konntest. Aber«, das Lächeln des Königs verschwand und wich einem Ausdruck ernster Aufrichtigkeit, »ich hätte vorher dafür gesorgt, dass jemand ähnlich Wertvolles seinen Platz einnimmt. Das solltest du vor unserer weiteren Zusammenarbeit über deinen König wissen.«

»Zusammenarbeit?«, fragte Derla. Nachdem sie sich so lange für tot gehalten hatte, war es nun ein merkwürdiges Gefühl, gerettet zu werden. Unerwartet beschleunigte sich ihr Herzschlag, und ihre Hände wurden feucht. Sie mühte sich, es zu verbergen, indem sie die

Arme verschränkte, doch hatte der alte Mann es sicher bemerkt.

Er lächelte erneut, und dieses Mal wirkte seine Miene sogar beinahe freundlich. Als er mit der Laterne einen Schritt zurücktrat, wollte Derla unwillkürlich dem Lichtschein folgen, aber sie beherrschte sich. Der König wäre sicher wenig beeindruckt, wenn sie ihm wie ein Hündchen hinterherlief.

»Du hast den Kaufmann innerhalb weniger Stunden ausfindig gemacht und getötet«, sagte der König. »Und das, obwohl er sich Mühe gegeben hat, seine Spur zu verwischen. Eine solche Leistung deutet auf bestimmte Fähigkeiten hin und auf eine gewisse Zielstrebigkeit. Alles Eigenschaften, die ich gut gebrauchen kann.«

Die Laterne wanderte zur Tür am anderen Ende der Zelle, und der Lichtschein wurde kleiner. Der König hob eine Hand, um zu klopfen, hielt dann aber inne. Derla konnte sein Gesicht im Dunkeln nicht erkennen, doch sie spürte, dass er sie erneut musterte.

»Eins noch«, sagte er. »Deine Komplizen.«

»Ich habe keine Komplizen«, erwiderte sie. »Ich wurde in das Haus des Kaufmanns gerufen, weil er meine Dienste in Anspruch zu nehmen wünschte. Er würgte mich und holte ein Messer hervor, mit der erklärten Absicht, sich an meiner Leiche zu vergehen. Ich tötete ihn aus Notwehr. Für das, was geschehen ist, bin nur ich verantwortlich und niemand sonst.«

»Ja. Das hast du der Stadtwache so erzählt. Die Diener des Kaufmanns und seine Familie haben jedoch anderes zu berichten. Sie haben ausgesagt, dass du von dem Wunsch nach Rache beseelt warst.«

»Allesamt Lügner, die ihre eigene Feigheit und schändliche Mitschuld an den Verbrechen dieses Mannes zu rechtfertigen suchen.«

»Wenn ich für deine Fähigkeiten Verwendung finden soll, muss die Geschichte hinter deiner Freilassung unanfechtbar sein. Ohne die Namen deiner Freunde kann ich dich auch gleich hier lassen.«

Derlas Blick ruhte auf der knochigen Faust des Königs, die nur ein Stück weit von der Tür entfernt war. Als sie antwortete, kratzten die Worte wie die Feile eines Schmieds in ihrer Kehle. »Ich hatte keine Komplizen.«

Ein leises Seufzen in der Dunkelheit, dann zwei kurze, harte Klopfer an der Tür. »Loyalität«, sagte der König, als der Gefängniswärter den Schlüssel im Schloss herumdrehte. »Auch eine nützliche Eigenschaft.«

Er hob die Laterne und deutete auf die offene Tür. »Komm, gute Frau. Ich möchte dir etwas zeigen.«

»Wer war sie?«

Die Leiche hing in einem Käfig am Galgen – ein schlaffes Bündel Haut und Knochen, das in schimmeligen Lumpen steckte. Die Krähen hatten sich bereits darüber hergemacht; eine pickte an der zerfetzten Haut am Fuß der Leiche herum, eine andere hackte mit dem Schnabel auf die leere Augenhöhle der Toten ein.

»Eine verrückte Bettlerin«, sagte der König zu Derla. »Und eine Leugnerin. Sie brachte wegen irgendeines Irrglaubens ihre Kinder um. Anscheinend war sie überzeugt davon, dass sie nach dem Tod, mit allerlei dunklen Gaben ausgestattet, wiederauferstehen würden. Eigentlich hat sie sich selbst erhängt, bevor über sie gerichtet werden konnte, aber der vierte Orden fühlte sich trotzdem bemüßigt, sie in einem Käfig auszustellen. Der Form halber, vermutlich. Ihr Tod war ein Segen für sie selbst und das Reich.«

»Und was hat das alles mit mir zu tun?«, fragte Derla und fügte noch rasch »Hoheit« hinzu, als der König eine Augenbraue hob. Er hatte sie, begleitet von zwei Palastwachen, zur Brustwehr über dem Nordtor geführt, wo die Leichen in ihren Eisenkäfigen hingen und ein starker Verwesungsgestank die dunstige Morgenluft verpestete. Es war noch früh am Tag, die Sonne stieg gerade erst über den Dächern auf, und außer den Wachen, die geflissentlich den Blick abwandten, war weit und breit niemand da, der sie hätte beobachten können.

»Sie ist du«, erklärte der König. »Oder jedenfalls die Erbin deines Verbrechens. Sie tötete erst ihre Kinder und stattete dann dem Haus des Kaufmanns einen Besuch ab. Anscheinend brauchte sie für ihr Ritual noch das Blut eines reichen Mannes.«

Derla sah, wie die Krähe einen Moment lang von der Augenhöhle der Toten abließ und zu ihr herüberschaute. Der Vogel legte den Kopf schief, und seine schwarzen Augen blitzten weiß auf, als er blinzelte. Schließlich krächzte er und wandte sich wieder seiner Mahlzeit zu.

»Ein neugieriges Geschöpf, diese Krähe«, stellte der König fest. »Neugier ist die wichtigste Eigenschaft aller Aasfresser, gepaart mit gutem Sehvermögen und Geduld. Sag mir, was dir deine neugierige Natur gerade verrät.«

»Sie war eine Leugnerin, weshalb ihre Verbrechen nicht der Gerichtsbarkeit der Krone unterlagen«, sagte

Derla. »Sie wäre vom vierten Orden gerichtet worden. Und der Orden macht seine Urteile niemals öffentlich.«

»Ganz recht. Wie du dir sicher denken kannst, haben der vierte Orden und ich unsere Übereinkünfte. Was bist du doch für eine schlaue Krähe!«

Derla wandte den Blick von dem fressenden Vogel ab und machte einen Knicks vor dem König. »Danke, Hoheit.«

»Das war eine Kleinigkeit. Mit der Familie und den Dienern des Kaufmanns sah es dagegen anders aus.« Derla mühte sich um eine ausdruckslose Miene, denn der König beobachtete sie genau, zweifellos, um ihre Reaktion abzuschätzen. »Keine Sorge, sie sind am Leben«, fuhr er fort. »Den gesamten Haushalt in die Nordlande umzusiedeln war allerdings recht kostspielig. Die Frau des Kaufmanns erhält eine großzügige Pension, unter der Voraussetzung, dass sie über das unschöne Ableben ihres Mannes Stillschweigen bewahrt.«

»Hat sie davon gewusst, Hoheit?«, fragte Derla. »Von seinen … Vorlieben?«

»Ich denke schon. Ehefrauen sehen stets mehr, als man möchte.« Er grinste, als Derla das Gesicht verzog. »Jetzt wünschst du dir doch, du hättest sie getötet, was?«

Die Krähe krächzte erneut und flatterte mit den Flügeln, als ihre Gefährtin zu ihr hochklettern wollte.

»Über meine Wünsche bestimmt nun Ihr, Hoheit«, sagte Derla.

Aus seinem Grinsen wurde ein Lachen, und er wandte sich um und gab einem Mann, der in der Nähe stand, ein Zeichen. Der Mann war schlank und eher klein gewachsen, mit einem schmalen, nichtssagenden

Gesicht. Seine Kleider wirkten ebenso unscheinbar – sie saßen gut, hatten jedoch nichts an sich, das ins Auge gestochen wäre. Das Interessanteste an ihm schien Derla zu sein, dass sie seine Anwesenheit bislang gar nicht bemerkt hatte.

»Ich möchte dir Meister Alveric vorstellen«, sagte der König, als der Mann mit dem nichtssagenden Gesicht sich vor ihm verneigte. »Er wird in den nächsten Wochen dein Mentor sein. Trotz deiner Fähigkeiten hast du anscheinend noch einiges zu lernen, sonst wärst du nicht festgenommen worden. Er ist ein guter Lehrer und kennt viele interessante Tricks. Ich nenne ihn den Herrn der Füchse. Du aber«, sein Blick wanderte zu den streitenden Vögeln am Galgen, »sollst meine Herrin der Krähen sein. Du kennst doch sicher das Spiel Kriegersextett, oder?«

Die Herrin der Krähen war eine der Adelskarten im klassischen asraelischen Kartenspiel. Abergläubischen Spielern galt sie als eine Karte, die Unglück brachte. Tauchte sie zum Beispiel in einem Gewinnerblatt auf, so bestand die Gefahr, dass der Spieler im nächsten Moment tot umkippte.

»Dieses Spiel kenne ich gut, Hoheit«, sagte Derla.

Der König warf Meister Alveric einen selbstzufriedenen Blick zu und trat dann von der Brustwehr zurück. »Ich werde euch nun allein lassen, damit ihr euch miteinander bekannt machen könnt«, sagte er. »Von jetzt an werden wir uns wohl kaum mehr als einmal im Jahr begegnen. Aber sei versichert, dass die Anweisungen des Herrn der Füchse einem königlichen Befehl gleichkommen.«

Derla machte einen Knicks, während der König davonging, eilig gefolgt von den beiden Wachen.

Meister Alveric musterte Derla einen Moment lang schweigend. Leichte Feindseligkeit lag in seinem sonst gelassenen Blick. *Mich zu rekrutieren ist nicht seine Idee gewesen*, wurde ihr klar.

»Geh nach Hause«, sagte Alveric schließlich. »Nimm deinen normalen Alltag wieder auf und festige deine Stellung in der Verbrecherwelt.« Damit wandte er sich zum Gehen.

»König Janus hat gesagt, dass Ihr mein Mentor sein sollt«, rief Derla ihm nach.

Alveric blieb stehen und sah sie kurz an. »Deine Ausbildung hat bereits begonnen«, erwiderte er und drehte sich erneut um. Im Fortgehen hörte Derla ihn noch murmeln: »Und die erste Lektion besteht darin, Befehlen zu gehorchen.«

Kapitel 7

»Zieh das an.«

Derla betrachtete die Kleidungsstücke auf dem Tisch. Es handelte sich um ein schönes rotschwarzes Seidenkleid mit Spitzenbesatz und farblich abgestimmtem Mieder. So hübsch es auch war, wurde ihre Aufmerksamkeit noch mehr von dem Dolch angezogen, der in einer Scheide daneben lag. »Wird es denn passen?«, fragte sie. »Meine Proportionen sind recht großzügig, wie Ihr bemerkt haben werdet.« Sie schenkte Meister Alveric ein Lächeln und zog eine Augenbraue hoch.

»Es wird passen«, sagte er ausdruckslos. »Zieh es an.«

Derla seufzte und blickte sich in dem kahlen Esszimmer um. Als sie an diesem Morgen aufgewacht war, hatte sie einen Zettel vorgefunden, der nachts unter ihrer Tür durchgeschoben worden war. Darauf war in kleinen, ordentlichen Buchstaben die Adresse dieses Hauses notiert gewesen. Es war ein freistehendes, zweistöckiges Gebäude in der Händlerstraße – ein Haus, in dem jemand wohnen mochte, dem es finanziell gut ging, aber nicht so gut, dass er sich einen Wohnsitz im Nordviertel leisten konnte. Nach dem ersten Klopfen hatte Alveric die Tür geöffnet und sie wortlos in dieses Zimmer geführt, wo der Dolch und das Kleid bereitlagen.

»Ich soll mich vor Euren Augen ausziehen?«, fragte Derla.

»Jawohl«, erwiderte Alveric, genauso tonlos wie vorher.

»Trotz meines Berufs habe ich mir ein gewisses Maß an Anstand bewahrt, wisst Ihr.«

»Nein.« Alverics Stimme klang hart, als er ihr in die Augen sah. »Nicht, wenn es darum geht, die Befehle des Königs zu befolgen. Und er befiehlt dir, dieses Kleid anzuziehen.«

Sie schluckte eine scharfe Erwiderung hinunter und drehte sich um. Betont gemächlich öffnete sie ihr Mieder und zog sich aus, um nicht den Eindruck zu erwecken, er hätte sie irgendwie nervös gemacht. »Eigentlich verlange ich meine Bezahlung im Voraus«, sagte sie, als sie sich ihm wieder zuwandte, eine Hand in die Hüfte gestemmt. Mit irgendwelchen Annäherungsversuchen hatte sie bereits gerechnet – vielleicht würde er drohen, sie in die dunkle Zelle unter dem Palast zurückzuschicken, wenn sie ihm nicht zu Diensten war.

»Ein kleiner Leberfleck auf dem rechten Oberschenkel«, sagte Alveric. »Eine tiefe halbmondförmige Narbe auf der Schulter. Kennzeichen, die mir helfen werden, deine Leiche zu identifizieren, sollte sie ohne Kopf gefunden werden.« Er nickte wieder in Richtung des Kleides. »Zieh es an.«

Er hatte über die Passform nicht gelogen. Das Kleid war ganz eindeutig für sie angefertigt worden, maßgeschneidert, obwohl niemand ihre Maße genommen hatte. Sie konnte sich nicht erinnern, jemals ein Kleid getragen zu haben, das besser gesessen hätte. Darüber hinaus war es bemerkenswert leicht, und sie konnte ein anerkennendes Lachen nicht unterdrücken, als sie damit im Zimmer auf und ab schritt. Das Kleid war erstaunlich bequem und schränkte ihre Bewegungen und Atemfreiheit nicht im mindesten ein.

»Ein schönes Geschenk, Meister Alveric«, sagte sie mit einem Knicks. »Ich danke Euch.«

Ohne sie zu beachten, ging er zu ihren abgelegten Kleidern, die sauber gefaltet auf dem Tisch lagen. Er durchsuchte sie, bis er das gebogene Fischermesser gefunden hatte. »Effektiv«, sagte er und legte die Waffe beiseite, »aber zu ungenau. Präzision«, er nahm den Dolch in der Scheide vom Tisch und warf ihn ihr zu, »wird von jetzt an dein Motto sein.«

Einen Moment lang wog Derla den einfachen Holzgriff des Dolches in der Hand. Wie das Kleid passte auch er perfekt. Als sie ihn aus der Scheide zog, sah sie, dass er eine sechs Zoll lange Klinge besaß, die so scharf war, dass sie selbst das Licht zu zerschneiden schien, das darauf fiel. »Sehr hübsch«, sagte sie und hob die Waffe hoch. »Er kommt mir aber ein bisschen leicht vor.«

»Je leichter, desto schneller«, sagte Alveric. »Und Schnelligkeit ist wichtiger als Stärke.« Damit rammte er ihr die Faust in den Bauch.

Der Schlag war hart genug, um sie aufkeuchen und zurücktaumeln zu lassen, aber nicht so kräftig, dass sie zu Boden gegangen wäre. Derla reagierte blitzschnell. Ihre vom Straßenkampf geschulten Reflexe ließen sie mit dem Dolch nach Alverics Augen stechen. Er machte jedoch keine Anstalten, dem Schlag auszuweichen oder die Klinge abzuwehren, und sein ruhiger Blick aus zusammengekniffenen Augen ließ sie innehalten. Die Spitze des Dolches kam nur um Haaresbreite vor seinem linken Auge zum Stehen.

»Ihr stellt mich gern auf die Probe, was?«, fragte sie, trat zurück und steckte den Dolch in die Scheide.

»Die Leute, auf die du angesetzt wirst, werden dich noch viel mehr auf die Probe stellen, als ich es je könnte«, erwiderte Alveric. »Das hier ist kein Spiel. Wir jagen keine Trugbilder. Die Bedrohungen gegen die Krone und das Reich sind real und vielfältig.« Er musterte sie noch einmal und nickte dann zufrieden. »Es passt gut. Morgen wirst du noch mehr Kleider erhalten. Du wirst feststellen, dass sie mehrere verborgene Taschen für Waffen und Nachrichten besitzen. Mach dich mit ihnen vertraut und finde dich nach dem Mittagsläuten wieder hier ein, um weitere Anweisungen zu erhalten.«

»Augenfarbe?«

»Blau.«

»Haarfarbe?«

»Hellbraun.«

»Akzent?«

»Nordasraelisch mit leicht renfaelischem Einschlag.«

»Ringe?«

Derla zögerte und rief sich die Erscheinung des Mannes, den sie hatte beobachten sollen, in Erinnerung. *Er hat Handschuhe getragen,* fiel ihr wieder ein. *Dicke Handschuhe, wie sie bei Kavalleristen üblich sind.* Also keine Ringe. Sie wollte schon antworten, als ihr noch ein weiteres Detail einfiel, auf das sie gar nicht bewusst geachtet hatte.

»Ein dünner Ring am kleinen Finger der rechten Hand«, sagte sie. »Aus Silber oder Stahl. Über dem Handschuh getragen.«

Alveric betrachtete sie über den Tisch hinweg. In den vergangenen sechs Wochen hatte Derla sich alle sieben Tage in seinem Haus eingefunden, und in der ganzen Zeit hatte sie außer Alveric keinen anderen Bewohner darin angetroffen. Sie klopfte an die Haustür, und er ließ sie ein und führte sie ins Esszimmer. In den ersten zwei Wochen hatte er sie vor allem im Zweikampf unterwiesen – kurze, aber schmerzhafte Lektionen, aus denen sie unweigerlich als Verliererin hervorging. Sie begriff schnell, dass Alveric ein weitaus gefährlicherer Mensch war, als sie es je sein könnte. Zwar besaß auch sie etwas Kampferfahrung, doch war sie im Herzen eine Raufboldin. Auf der Straße hatte sie gelernt, Aggressivität mit Rücksichtslosigkeit zu kombinieren. Im Vergleich dazu war Alveric ein Meister der Kunstfertigkeit. Ihren unbeholfenen Angriffen begegnete er mit einer Geschmeidigkeit und Effizienz, die ihr die Bescheidenheit ihrer Fähigkeiten deutlich vor Augen führte. Zwar wurde sie besser – sie lernte ein paar seiner einfacheren Tricks und schaffte es sogar hin und wieder, einem Schlag auszuweichen –, doch erklärte er diese Phase ihrer Ausbildung erst für beendet, als es ihr gelang, sich aus einem Würgegriff herauszuwinden.

»Dein erster Auftrag«, sagte er und reichte ihr ein eingerolltes Stück Pergament. Derla entfaltete es und sah, dass darauf in derselben sauberen Handschrift wie bei der Nachricht, die sie unter ihrer Tür gefunden hatte, etwas geschrieben stand: »Vierzig bis fünfzig Jahre alt. Mit Bart. Trägt rote Lederschuhe. In der Taverne *Zum Seepferdchen*.«

»Folge ihm und erstatte Bericht«, sagte Alveric. »Du darfst nicht entdeckt werden.«

Also folgte sie dem Mann mit den roten Lederschuhen und berichtete, wohin er überall gegangen war. In der nächsten Woche folgte sie einer drallen Wäscherin, die in der Villa eines Adligen angestellt war. Und in dieser Woche dem jungen Kavalleristen aus dem königlichen Heer mit dem Stahl- oder Silberring. Bei jedem neuen Auftrag sollte sie hinterher mehr Informationen abliefern, und sie wunderte sich, dass sie in der Lage war, sich so viele Einzelheiten zu merken. Aber die Vorstellung, Alveric könnte dem König berichten, sie hätte sich nicht als nützlich erwiesen, war ihr ein ständiger Ansporn.

»Mit wem hat er sich zum Essen getroffen?«, fragte Alveric.

»Ein Seemann, der südcumbraelische Kleidung trug, dessen Akzent aber unecht klang. Ich würde schätzen, ein Meldeneer.«

»Schätzen?«

Derla unterdrückte ein Seufzen. Alverics Beharren auf einem sachlichen, ungeschönten Bericht, ohne, wie er es nannte, »unkundige Vermutungen«, war manchmal reichlich lästig. »Ich bin der Meinung, dass es sich bei dem Mann um einen Meldeneer handelte, der seine Herkunft durch seine Kleidung und einen falschen Akzent zu verschleiern suchte«, sagte Derla.

»Worüber haben sie gesprochen?«

»Derbes Gerede über die besten Huren und Tavernen der Stadt. Die Namen der Huren, die sie erwähnten, habe ich aber noch nie gehört. Und eine der Tavernen, von denen sie sprachen, ist vor zwei Jahren abgebrannt.«

Alverics Blick wurde ein wenig aufmerksamer und er beugte sich ein Stück vor. »Und was hast du daraus geschlossen?« Bislang hatte Alveric in ihrer Gegenwart noch nie irgendeine Gefühlsregung gezeigt, doch nun wirkte er eindeutig erwartungsvoll. *Er hofft, dass ich eine falsche Antwort gebe.*

»Sie haben verschlüsselt gesprochen.« Sie griff in ihr Mieder, zog eine Papierrolle hervor und legte sie auf den Tisch. »Eine wörtliche Mitschrift ihres Gesprächs«, sagte sie, ohne sich ihre Zufriedenheit anmerken zu lassen. »Die meines Erachtens dazu beitragen wird, den Sinn des Gesprächs zu entschlüsseln.«

Alveric warf einen Blick auf das Papier und lehnte sich dann zurück, ohne es an sich zu nehmen. »Was weißt du über ein Schiff namens *Margentis*?«, fragte er stattdessen. Derla hatte sich inzwischen an solche abrupten Gesprächswechsel gewöhnt. Er hatte sich noch nie bei ihr bedankt, wenn sie einen Auftrag ausgeführt hatte, oder etwas zur Qualität ihrer Arbeit gesagt. Stattdessen hatte er ihr stets nur neue Anweisungen gegeben. Wahrscheinlich würde sie nie erfahren, was mit den Informationen, die sie lieferte, am Ende geschah.

»Eine meldeneische Fregatte«, sagte sie. »Sie befördert Rotblüte aus Volaria. Der Kapitän ist noch nie selber als Pirat in Erscheinung getreten, aber dafür bekannt, dass er einmal im Jahr im Auftrag anderer Kapitäne der Inseln gestohlene Waren hierherbringt.« Derla zögerte, aber nur für einen Moment. Die Information, die sie gleich verraten würde, war gefährlich, aber inzwischen hatte sie keinen Zweifel mehr daran, welcher König in dieser Stadt für sie am gefährlichsten war. »Ein Mann namens Hunsil, inzwischen auch Einauge genannt, besitzt ein Monopol auf sämtliches Diebesgut, das von Piraten in die Stadt gebracht wird. Wenn die *Margentis* hier ankommt, findet stets eine Art Fest statt. Die einflussreichsten Verbrecher der Stadt versammeln sich auf dem Schiff, um zu huren und zu trinken. Hunsil selbst ist aber meist nicht anwesend, weil er sein Versteck inzwischen nur noch selten verlässt.«

»Huren und trinken«, sagte Alveric. »Wie steht es mit Glücksspiel?«

Derla erinnerte sich an den selbstzufriedenen Ausdruck auf dem Gesicht des Königs, als er sie gefragt hatte, ob sie das Spiel Kriegersextett kenne. *Deshalb hat er mich also vor dem Tod bewahrt.*

»Allerlei Würfelspiel«, erwiderte sie. »Eigentlich geht

es aber nur um eines: die Partie Kriegersextett, zu der die besten Spieler des Reiches eingeladen werden. Es ist das teuerste Spiel des Jahres: Die Teilnehmer müssen mindestens fünfhundert Goldmünzen dabeihaben. Und niemand darf den Tisch verlassen, ehe er nicht alle seine Münzen verloren oder das Spiel gewonnen hat.«

»Bist du schon einmal auf diesem Fest gewesen?«

»Nur einmal, vor vielen Jahren. Es hat mir nicht zugesagt. Ich bevorzuge eine zivilisiertere und weniger betrunkene Klientel.«

»Es gibt da einen Mann, der noch nicht lange in der Stadt ist, sich aber trotzdem bereits einen Ruf als exzellenter Kartenspieler erworben hat. Mit großer Wahrscheinlichkeit wird er zu dem Spiel auf der *Margentis* eingeladen werden. Du wirst dich mit ihm bekannt machen, sein Vertrauen gewinnen und ihn zu gegebener Zeit auf das Schiff begleiten.«

Derla runzelte die Stirn. Es war das erste Mal, dass sie sich jemandem offen zeigen sollte. »Wie Ihr wünscht. Wo finde ich ihn?«

»Er ist abends meist im *Haus der blauen Orchideen*. Dieses Etablissement wird dir sicher bekannt sein.«

»Das ist ein Rotblüte-Palast und Hurenhaus, ziemlich heruntergekommen. Ich werde zehn Silbermünzen brauchen, damit die Besitzerin mich reinlässt. Eine Frage der Höflichkeit, versteht Ihr?«

»Liste alle anfallenden Kosten auf. Sie werden dir nach Beendigung des Auftrags in vollem Umfang erstattet werden.«

»Und worin genau besteht mein Auftrag? Diesem Falschspieler Gesellschaft zu leisten?«

»Er ist auf Befehl seiner Majestät in der Stadt, wenngleich er sich offiziell als Gast des Königs hier aufhält und alle Freiheiten eines Bürgers dieses Reiches genießt. Diese Illusion muss aufrechterhalten werden. Du sollst dafür sorgen, dass seine Freizeitaktivitäten nicht dazu führen, dass er mit durchgeschnittener Kehle im Hafenbecken landet.«

Alveric beugte sich erneut vor, sah ihr in die Augen und sagte mit leiser, ausdrucksloser Stimme, die Derla einen Schauer über den Rücken jagte: »Sollte diesem Mann etwas zustoßen, wird die Gunst des Königs, die du momentan genießt, sich ganz schnell in Luft auflösen, das versichere ich dir. Dein weiteres Überleben hängt ausschließlich von seinem ab.«

Derla nickte. Die Liste an Fragen in ihrem Kopf wurde immer länger, doch sie hielt sich im Zaum und stellte lediglich eine: »Darf ich seinen Namen erfahren?«

»Sein Name ist Sentes Mustor, Erbe des Erzfürsten von Cumbrael. Er ist unschwer an seinem Akzent zu erkennen und daran, dass er stets bei weitem der betrunkenste Mann im Raum ist.«

Kapitel 8

»Feiglinge seid ihr!« Mit verächtlichem Blick sprang Sentes Mustor auf, während die letzten seiner Gegner sich vom Kartentisch davonstahlen. Ein unordentlicher Haufen Münzen lag neben dem offengelegten Blatt des Cumbraelers, das – wie Derla überrascht bemerkte – nicht einmal besonders gut war. Der Blinde Schmied war die wertvollste Karte, die er besaß, die fünf anderen lagen weit darunter. Mustors letzter Gegner hatte ein mindestens doppelt so gutes Blatt besessen, und dennoch war es diesem pöbelnden Betrunkenen gelungen, ihn zum Aussteigen zu bewegen. Das ganze Spiel hatte kaum zwei Stunden gedauert, was nach Derlas Erfahrung ein Rekord war.

»Gibt es denn in dieser Lasterhöhle niemanden, der den Mut hat, sich mit mir zu messen?«, rief der Cumbraeler, schnappte sich den Weinbecher vom Tisch und hob ihn hoch, wobei er einen Teil des Inhalts verschüttete. In den Schatten jenseits des Lampenscheins waren ein paar gemurmelte Flüche und Beleidigungen zu hören, aber keiner der Gäste der *Blauen Orchideen* sprang auf die Stichelei an. Stattdessen wandten sie sich wieder ihren bezahlten Gefährtinnen und überteuerten Getränken zu.

Sentes Mustor blieb noch einen Moment stehen, sein Gesichtsausdruck wandelte sich von entschlossener Herausforderung zu resignierter Verärgerung. »Hier scheint nichts mehr zu holen zu sein«, seufzte er und sank auf seinen Stuhl zurück. Er nahm mehrere große Schlucke aus seinem Weinbecher und raffte dann unbeholfen die Münzen zusammen, wobei er murmelte: »Mein Bruder sagt: Wahre Begabung ist eher eine Last als ein Segen.«

»Der Wert eines Menschen bemisst sich daran, wie er mit den Früchten seiner Arbeit verfährt.« Mustor blickte auf, als Derla ins Licht trat. Überrascht hob er die Brauen, und zu ihrer Befriedigung bemerkte sie in seinem Blick nicht wenig sinnliche Begierde. »Der einfache Holzfäller, der seinen Verdienst Bedürftigen spendet«, fuhr sie fort, »zählt mehr als ein Mann, der die schönsten Statuen schnitzt, seinen Reichtum aber mit Lastern verschwendet.«

»Welch unerwartete Freude«, sagte Mustor und stand schwankend auf. »Eine asraelische Dame, die in den Zehn Büchern bewandert ist.« Er verbeugte sich, wobei er einen Arm auf die Brust gedrückt hielt und den anderen seitlich abspreizte, wie es vermutlich in Cumbrael der höfischen Sitte entsprach. »Lord Sentes Mustor, edle Dame. Zu Euren Diensten.«

Sie antwortete mit einem Knicks. »Ein Vergnügen, Euer Lordschaft. Also«, sie trat neben ihn und beugte sich vor, um die Karten einzusammeln, wobei sie lange genug verharrte, dass der Duft ihres Parfüms ihn einhüllen konnte, bevor sie zur anderen Seite des Tisches ging. »Sollen wir eine Runde wagen?«

»Ihr mögt also das Kartenspiel, edle Dame?«

»Mir wurde gesagt, dass ich recht gut spiele, ja.« Derla nahm zwei Stühle von ihm entfernt Platz, weit genug weg, dass ihr Dekolleté im Lampenschein gut zur Geltung kam. Lächelnd sah sie ihm in die Augen, während ihre Hände mit geübter Präzision die Karten mischten.

»*Recht gut* wird nicht ausreichen, fürchte ich«, sagte Mustor mit einem bedauernden Schulterzucken. »Nicht gegen mich. Und eine so charmante Gefährtin möchte ich doch nicht vor den Kopf stoßen. Warum trinken wir nicht lieber zusammen ein Gläschen?« Er winkte mit dem Weinbecher, und augenblicklich kam eine Kellnerin herbei und brachte eine volle Flasche und einen Becher für Derla.

»Seid Ihr neu in diesem Haus?«, fragte Mustor Derla, während die Kellnerin den Wein eingoss. »Ich bin mir sicher, dass ich mich an Euch erinnern würde, wenn wir uns schon einmal begegnet wären.«

»Ich arbeite nicht in diesem Etablissement«, erwiderte Derla und fächerte die Karten auf dem Tischtuch auf. »Ich bin nur zum Spielen hier und wäre zutiefst gekränkt, wenn Ihr mir meinen Wunsch abschlagt, Euer Lordschaft.«

Mustors Augen verengten sich leicht, als er den Becher an die Nase hob, auch wenn er weiterhin lächelte. »Ein blasser Roter von den Weinbergen Mentaris«, sagte er schnüffelnd. »Von den Südhängen. Drei Jahre alt. Im Sommer damals hat es ungewöhnlich viel geregnet.« Er nahm einen Schluck, schürzte die Lippen und zuckte mit den Schultern. »Annehmbar, aber Lord Mentari sollte bei den Weißen bleiben. Für einen guten Roten ist sein Boden zu sandig. Irgendwann muss ich ihm deshalb mal einen Brief schreiben.«

Er stellte den Becher ab und wandte sich an die Kellnerin. »Ich glaube, meiner neuen Gegnerin würde etwas Vollmundigeres besser schmecken, meine Liebe. Bring uns bitte den Roten aus dem Umblintal.« Er wandte sich wieder Derla zu und verschränkte die Hände. »Also gut. Um wie viel wollen wir wetten? Sind zwei Silberstücke für den Einstieg genehm?«

Derla sah ihm lächelnd in die Augen. »Leider muss ich gestehen, dass ich heute Abend kein Geld dabei habe, Euer Lordschaft.«

Mustors Stirnrunzeln vertiefte sich, und er schnaubte verärgert. »Ich spiele nicht allein zum Vergnügen, auch wenn Ihr überaus charmant seid. Eine Partie, bei der nichts auf dem Spiel steht, ist mir zu langweilig.«

»Oh«, sagte Derla, sammelte die Karten ein und teilte dann geübt jedem ein Blatt aus, »uns fällt bestimmt etwas ein, um das wir spielen können.«

»Entschuldige bitte«, stöhnte Mustor, als er schwer atmend auf ihr innehielt. »Zu viel Wein. Wenn die Umbliner Tropfen nur nicht so furchtbar verlockend wären.«

»Ich glaube, Ihr habt Eure Standhaftigkeit mehr als hinreichend unter Beweis gestellt, Euer Lordschaft«, sagte Derla, als er sich von ihr herunterrollte. Sein Körperbau war eine merkwürdige Mischung aus knochig und schwabbelig – ein beträchtlicher Schmerbauch paarte sich mit dünnen Armen und Beinen. Dennoch hatte er sich als versierterer Bettgefährte erwiesen als die meisten ihrer Kunden, wenngleich es ihm etwas an Durchhaltevermögen mangelte.

»Du bist sehr freundlich«, murmelte er schläfrig. »Ich hoffe, das kostet nicht extra.«

»Ihr habt die Wette gewonnen«, erinnerte sie ihn, drehte sich herum und legte ihren Kopf auf seine Brust. »Heute Nacht geht alles aufs Haus.«

Er fuhr mit der Hand durch ihr Haar und spielte sanft mit den dicken kastanienbraunen Locken. »Hier hat bis vor kurzem noch jemand gewohnt«, sagte er. »Wie lange ist es her?«

Derla erstarrte. Alle Koketterie fiel von ihr ab. Sie richtete sich auf und starrte benommen in die Dunkelheit, bis sie seine Hand auf ihrem Rücken spürte. »Verzeihung«, sagte er. »Ich bin wohl zu weit gegangen.«

»Ihr seht viel, Euer Lordschaft«, sagte sie.

»Das Dasein als Trunkenbold hat so manchen Vorteil. Zum Beispiel wird man ständig unterschätzt.« Er drückte ihr einen Kuss auf die Schulter, bevor er vom Bett aufstand und nach seinen Kleidern griff. »Ich sollte aufbrechen. Die Palastwache wird unruhig, wenn ich nicht vor Tagesanbruch zurückgetaumelt komme.«

»Ihr wohnt im Palast?«, fragte sie. Bis dahin hatte sie angenommen, er hätte in der Stadt ein eigenes Haus.

»O ja«, erwiderte er und zog sein Hemd an. »Ich bin Gast seiner Majestät König Janus Al Nierens. Ich besitze sogar einen höfischen Titel: Minister für cumbraelische Angelegenheiten. Zum Glück muss ich aber nicht viel tun, außer gelegentlich ein Schriftstück zu unterschreiben, dessen Inhalt ich nicht lesen muss.«

Mit einiger Mühe gelang es ihm, seine Hose anzuziehen, dann setzte er sich aufs Bett und kämpfte erfolglos mit einem Schuh. »Darf ich?«, fragte Derla, zog ihm den Schuh an und band die Schnürsenkel zu.

Mustors unrasiertes Gesicht verzog sich mürrisch, während er ihr zusah. »In Wahrheit bin ich genauso wenig ein Gast, wie ein Hund Gast im Zwinger seines Herrn ist.«

Derla griff nach dem anderen Schuh. »Warum bleibt Ihr dann hier?«

Seine Miene wirkte belustigt. »Deine Frage setzt voraus, dass ich eine Wahl habe, meine Liebe. Und dem ist leider nicht so. Welche Geisel bleibt schon freiwillig in ihrem Gefängnis? Obwohl«, lächelnd strich Mustor ihr übers Haar, »mir die Zerstreuungen in diesem Gefängnis zunehmend besser gefallen.«

»Ihr seid eine Geisel?« Derla band den zweiten Schuh zu und erhob sich, um seinen Umhang zu holen.

»O ja.« Mustor stand auf, fast ohne zu schwanken, und drehte sich um, damit sie ihm den Umhang um die Schultern legen konnte. »Der König glaubt, sich gegen meinen Vater schützen zu können, wenn er mich in seiner Gewalt hat. Eine erstaunliche Fehleinschätzung für jemanden von solch berühmtem Scharfsinn.« Er wandte sich ihr zu, küsste sie, diesmal etwas inniger, und flüsterte ihr dann ins Ohr: »Unter uns gesagt: Er hat den falschen Sohn gewählt.« Er zwinkerte ihr verschwörerisch zu und ging zur Tür.

»Ihr seid hier stets willkommen, Euer Lordschaft«, sagte Derla. »Schließlich gehören angenehme Zerstreuungen zu meinem Geschäft.«

Er blieb stehen und wandte sich ihr zu. Wissend hob er eine Augenbraue. »Das nächste Treffen wird aber sicher nicht kostenlos sein, oder?«

»Das kommt drauf an.«

Sie sah, wie er einen Moment nachdachte, die Hand auf der Türklinke. »Und worauf, wenn ich fragen darf?«

»Karten«, sagte sie. »Ihr spielt besser als irgendjemand sonst aus meiner Bekanntschaft, und ich kenne viele Kartenspieler.«

»Du willst, dass ich dir ein paar Tricks beibringe?«

»Wenn es Euch beliebt. Allerdings lerne ich am besten beim Zuschauen, wie ich festgestellt habe.«

Er runzelte erneut die Stirn und seine Augen verengten sich, als er nachdachte. An seiner Miene erkannte sie, wie unglaublich schlau er war. Sie hatte denselben Ausdruck häufig bei ihrem Vater gesehen. *Er mag ein*

Trunkenbold sein, aber ein Dummkopf ist er nicht. »Die *Margentis*«, sagte Mustor schließlich grinsend. »Du hast von meiner Einladung gehört, nicht wahr? Und du möchtest gern an Bord gelangen. Wozu, wenn ich fragen darf? Ich kann mir kaum vorstellen, dass es dir an Kundschaft mangelt.«

»Das stimmt. Aber ich habe ein Auge für gute Gelegenheiten. Neben der Partie Kriegersextett werden an Bord dieses Schiffes noch einige andere Spiele gespielt. Und es wimmelt dort nur so von betrunkenen Gesetzlosen, die eine Hure genauso unterschätzen wie einen Trunkenbold.«

Mustor dachte einen Moment nach und zuckte dann mit den Achseln. »Also gut, warum nicht? Zumindest verspricht es, unterhaltsam zu werden. Allerdings habe ich gehört, dass diese Kerle sehr rauflustig sind. Denen wird es sicher nicht gefallen, wenn eine Frau oder sonst irgendjemand ihnen die Taschen leert.«

»Eure Besorgnis ist rührend.« Sie trat zu ihm und küsste ihn auf die Wange, worauf sie die Tür öffnete, um ihn hinauszulassen. »Aber ich denke, mein Ruf wird mich beschützen.«

»Dein Ruf?«, fragte er und blieb auf der Treppe stehen. »Was für ein Ruf?«

»Darüber dürft Ihr gern auf dem Heimweg nachgrübeln, Euer Lordschaft. Ihr solltet die Palastwachen nicht warten lassen.«

Kapitel 9

Die *Margentis* lag ein Stück vor der letzten Hafenmole vor Anker, vermutlich, um keine ungewollte Aufmerksamkeit bei der Stadtwache von Varinsburg zu erregen. Sie war das größte Schiff, das Derla je gesehen hatte, mit einem breiten Deck, drei hohen Masten und einem geschwungenen Rumpf. Die Art, wie die Fregatte inmitten der umliegenden Boote aufragte, erinnerte sie an eine Kröte, die auf einem Seerosenblatt hockte. Die Dutzende kleinerer Boote, welche die Verbrecherbosse Varinsburgs hierhergebracht hatten, waren zusammen vertäut und bildeten einen schwankenden Laufsteg, den Derla und ihr adliger Gefährte entlanggehen mussten, um zum Schiff zu gelangen.

»Seereisen fand ich immer schon unnatürlich«, murrte Mustor, während er unbeholfen von einem Boot zum nächsten sprang. »Wenn der Weltvater gewollt hätte, dass wir Ozeane überqueren, hätte er uns gewiss Flossen gegeben.«

»Wir sind gleich da, Euer Lordschaft«, sagte Derla und blickte zum Schiffsrumpf hoch. Die Bullaugen standen allesamt offen und waren von innen hell erleuchtet. Lautes Stimmengewirr und rauhes Gelächter drangen heraus. »Mir scheint, wir sind ein wenig spät dran.«

»Eine gewisse Unpünktlichkeit wird von der Adelsklasse erwartet, meine liebe Derla. Es ist einer der Tricks, die wir anwenden, um die Illusion unserer naturgegebenen Überlegenheit aufrechtzuerhalten. Mein Vater hat meine Mutter und sämtliche Adlige Cumbraels an seinem Hochzeitstag mehrere Stunden lang warten lassen. Allerdings war die Verzögerung gerüchteweise einem Stelldichein mit einer Magd im Weinkeller des Hauses geschuldet und natürlich der Tatsache, dass ihm der Anblick seiner Braut zutiefst zuwider war.«

Derla erlaubte sich ein kleines Lächeln. In den vergangenen zwei Wochen hatte sie beinahe jeden Abend mit Mustor verbracht, und seine Taktlosigkeit machte ihn durchaus sympathisch. Es ärgerte sie etwas, dass sie ihn so mochte – das ging gegen ihre Berufsehre, als Hure ebenso wie als Spionin. *Er ist ein Kunde und unter Beobachtung des Königs,* erinnerte sie sich, nicht zum ersten Mal. *Nichts weiter.*

Kurz darauf langten sie an einer steilen Landungsbrücke an, die von einem großen Boot zum Schiff hinaufführte. Mustor war an körperliche Betätigung wenig gewöhnt und musste erst einmal zu Atem kommen, als sie das Oberdeck erreicht hatten.

»Lord Sentes Mustor und Begleitung«, stellte Derla sie einem Paar finster dreinblickender meldeneischer Wachen vor, während Mustor sich japsend auf die Reling stützte. »Wir werden erwartet.«

»Er ja«, erwiderte einer der Meldeneer und nickte in Mustors Richtung, wobei er eine Hand auf seinen Säbel legte. »Du nicht.«

»Mistress Derla …«, keuchte Mustor und richtete sich auf, um in hochmütigem Ton weiterzusprechen, »ist auf meine Einladung hin hier. Sollte ihre Anwesenheit unerwünscht sein, werden wir unverzüglich wieder aufbrechen.« Er wandte sich der Landungsbrücke zu und bedeutete Derla, ihm zu folgen.

»Also gut«, knurrte der Meldeneer. »Deine Hure kann bleiben.« Er nickte in Richtung der Treppe, die zum Laderaum hinabführte. Aus der Luke drang ein orangerotes Leuchten, und mehrere laute, betrunkene Stimmen waren zu hören. »Ihr solltet Euch lieber beeilen, Euer Lordschaft«, sagte der Meldeneer und grinste humorlos. »Die Partie hätte schon vor einer Stunde beginnen sollen, und Eure Gegner sind nicht die geduldigsten Leute.«

Im Laderaum war es laut und roch nach Fünfblatt und verschüttetem Bier. Männer saßen in Grüppchen beisammen und spielten mit Würfeln oder Karten, während andere kichernde, leicht bekleidete Frauen begrabschten, die auf ihrem Schoß saßen, oder mit ihnen in einem abgelegenen Alkoven verschwanden, um schweißtreibenderen Vergnügungen nachzugehen. Derla entdeckte in der Menge einige einflussreiche Kriminelle mit ihren Handlangern. Sie selbst wurde auch von manchen Leuten erkannt, während sie mit Mustor durch den Laderaum schritt. Die meisten waren jedoch zu betrunken oder in ihre jeweilige Beschäftigung vertieft, um ihr großartig Aufmerksamkeit zu schenken. Es gab jedoch eine Ausnahme, die sie dank ihrer neu geschärften Beobachtungsgabe sofort bemerkte. Ein schlanker Kerl mit langen Haaren, der an einem Fass lehnte und sie ruhig musterte, wobei er an einer langstieligen Pfeife zog. Einer Pfeife, wie Derla sah, aus der kein Rauch kam. Sie kannte den Mann nur als den *Näher* – er war dafür berüchtigt, dass er die Wunden seiner Folteropfer zunähte, damit sie nicht so schnell verbluteten. *Er arbeitet für Einauge,* erinnerte sie sich und ließ den Blick über das Gesicht des Mannes gleiten, ohne sich anmerken zu lassen, dass sie ihn erkannt hatte. *Er ist nicht betrunken und raucht eine leere Pfeife.*

Auf dem Weg durch den Laderaum entdeckte sie noch zwei weitere von Einauges Gehilfen in der Menge – einen stämmigen Mann, der Gerüchten zufolge gut mit dem Knüppel umgehen konnte, und eine Frau mit noch weitaus beunruhigenderen Talenten. Sie war klein und schlank, mit einem täuschend zarten Gesicht. Ihren wahren Namen kannte Derla nicht, doch hatte sie sich in den letzten Jahren so einige erworben, und der berüchtigtste davon war *die Schlange.* Die Frau verfügte über ähnliche Fähigkeiten wie die kleine Dot. Doch während die kleinwüchsige Heilerin ihre dazu verwendete, Leben zu bewahren, hatte es die Schlange auf das Gegenteil abgesehen.

Weder der Näher noch der Keulenschwinger oder die Schlange wirkten betrunken. Sie hielten sich im Dunkeln und nahmen nicht an den Spielen oder fleischlichen Vergnügungen teil. *Anscheinend sollen sie das Fest überwachen,* dachte Derla, wenngleich das nicht ihren üblichen Rollen entsprach. Als Aufpasser bei solchen Zusammenkünften wurden für gewöhnlich einfache Schlägertypen wie Petzer oder Schlepper eingesetzt, die aber vermutlich nach Frentis' noch immer ungeklärtem Verschwinden beide aus der Stadt geflohen waren. *Vielleicht mangelt es Einauge an Leuten.* Der Gedanke beruhigte sie kaum, und sie musste gegen den Drang ankämpfen, eine Hand auf das Messer in ihrem Kreuz zu legen.

Nachdem sie sich durchgedrängt hatten, kamen sie an dem breiten ovalen Tisch an, wo die Partie Kriegersextett stattfinden sollte. Ein korpulenter Meldeneer saß dort mit drei anderen Männern. Das rote Tuch an seinem Kopf, das ihn gefährlich aussehen ließ, kennzeichnete ihn als Kapitän der *Margentis.* »Wo, zum Henker, bleibst du?«, herrschte er Mustor an.

»›Wo, zum Henker, bleibt *Ihr, Euer Lordschaft?*‹, wenn es Euch nichts ausmacht«, erwiderte Mustor knapp, aber freundlich, während er zur Linken des Kapitäns Platz nahm. »Ich bevorzuge einen höflichen Ton am Tisch.«

Zwei der Männer lachten, der Kapitän knurrte jedoch nur. »Auf diesem Schiff und an diesem Tisch gibt es keine Lordschaften«, sagte er. »Hier regieren nur die Karten und das Glück, das uns die Götter zugestehen.«

»Glück?«, erwiderte Mustor und hob eine Augenbraue. »Ihr habt eine wunderliche Vorstellung von diesem Spiel, mein Herr.« Er lächelte, als sich die Miene des Kapitäns noch mehr verfinsterte, und breitete die Hände aus. »Sollen wir beginnen?«

Der Kapitän knurrte erneut und winkte dann einen kleinen, adrett gekleideten Mann herbei. »Wentel«, sagte der Meldeneer, und der kleine Mann verneigte sich ehrerbietig vor den Spielern. »Unser Kartenverteiler heute Abend. Er ist in Varinsburg und darüber hinaus für seine Ehrlichkeit bekannt. Wenn ihn jemand nicht akzeptabel finden sollte, so möge er jetzt sprechen und seine Gründe nennen.«

»Ich hatte bereits das Vergnügen, an Meister Wentels Tisch zu sitzen«, sagte Mustor, »und finde ihn höchst akzeptabel.«

Der Mann zu Mustors Linken besaß eine dunkle

Hautfarbe und trug die Seidenkleider eines Alpiraners aus den Westprovinzen des Reiches. Er entblößte eine Reihe Zähne mit Goldfüllungen, als er lächelnd den Kopf neigte und mit leichtem Akzent sagte: »Auch ich kenne diesen Mann als fähig und ehrlich. Einverstanden.«

Der Mann zur Linken des Alpiraners war groß und unrasiert und schien sich, den zahlreichen Wein- und Essensflecken auf seinen Kleidern und seinem strengen Geruch nach zu urteilen, schon seit mindestens einer Woche nicht mehr umgezogen zu haben. Er musterte Wentel kurz, zuckte dann mit den breiten Schultern und murmelte in einem rauhen nilsaelischen Akzent: »Einverstanden.«

Derla konnte das Gesicht des dritten Mannes, der Mustor direkt gegenübersaß, nicht erkennen. Er hatte sich auf seinem Stuhl zurückgelehnt und seine Züge lagen im Schatten jenseits des Laternenscheins. Er besaß einen athletischen Körperbau und breite, starke Hände. Im Gesicht des Mannes funkelten zwei Lichtpunkte, die jedoch nicht ganz übereinstimmten. Einer war klein und hell, der andere dagegen trüber, als würde sich das Laternenlicht nicht auf einem Auge, sondern auf etwas anderem brechen. Sie musste ein Zusammenzucken unterdrücken, als eine vertraute Stimme erklang – eine, die sie nur wenige Male gehört, aber gehofft hatte, nie wieder hören zu müssen.

»Nicht einverstanden«, sagte Hunsil, König der Verbrecher Varinsburgs, inzwischen besser bekannt als Einauge. Er hob eine breite Hand und deutete mit dem Finger über den Tisch auf Derla. »Ich will sie.«

»Die Dirne des Cumbraelers?«, spottete der Kapitän, während Einauge weiter auf Derla zeigte. »Wohl eher nicht.«

Einen Moment lang herrschte Schweigen am Tisch, während der Spott langsam aus der Miene des Kapitäns wich. Schließlich drehte Meister Wentel, der sichtlich blass geworden war, sich um und verschwand rasch im Dunkeln.

»Gibt es, ähem, irgendwelche Einwände?«, fragte der Kapitän. Seine Stimme klang plötzlich heiser, und sein Kopftuch war schweißgetränkt.

Die anderen Spieler sagten nichts, wenngleich Mustor sich zu Derla umdrehte und ihr einen verwunderten Blick zuwarf. Sie legte ihm eine Hand auf die Schulter, beugte sich vor und flüsterte ihm ins Ohr: »Trinkt nichts.« Um ihre Worte zu unterstreichen, drückte sie ihm kurz die Schulter und ging dann zum Platz des Kartenverteilers zur Rechten des Kapitäns. »Die üblichen Regeln?«, fragte sie, während sie nach den Karten griff.

»Offenes Spiel nach asraelischer Art«, sagte der Kapitän. »Mindesteinsatz ein Goldstück, auch wenn jemand gleich aussteigt.«

Derla fächerte die Karten auf und mischte sie dann schnell, aber gründlich durch. Die Karten waren brandneu, die Tinte frisch und die Farben leuchtend. In den Spiralmustern auf der Rückseite konnte sie keine offensichtlichen Markierungen erkennen, und auch bei der Kartengröße gab es keine Unterschiede, die einem Falschspieler zum Vorteil hätten gereichen können.

»Die Regeln des offenen Spiels nach asraelischer Art besagen, dass abgelegte Karten gezeigt werden müssen«, sagte sie, während sie an jeden Spieler sechs Karten austeilte. »Und ebenso das Blatt eines Spielers beim Ausstieg. Münzen bitte in den Topf, meine Herren.«

Sie sah zu, wie jeder der Spieler eine Goldmünze in die Mitte des Tisches legte und alle dann ihre Karten aufnahmen. Die Spielerfahrung der Männer war daran zu erkennen, dass ihre Mienen vollkommen ausdruckslos blieben – bis auf die des Kapitäns, der mit einem unterdrückten Fluchen wenig elegant seine Karten auf den Tisch klatschte. *Er ist nur hier, weil er Kapitän dieses Schiffes ist,* dachte Derla und erwiderte den argwöhnischen Blick des Mannes mit einem freundlichen Lächeln. Mustor tauschte zwei Karten aus, die Kerze und den Giftbecher – beides Karten von geringem Wert, die in dieser Phase des Spiels häufig abgelegt wurden. Der Alpiraner mit den Goldzähnen tauschte drei ebenso schlechte Karten und der übelriechende Nilsaeler eine.

Derla sah Einauge mit dem Finger langsam auf den Tisch trommeln. Dann beugte er sich vor, sodass der Laternenschein auf sein Gesicht fiel. Früher war er recht gutaussehend gewesen, mit feinen Gesichtszügen, die, Derlas Meinung nach, auf einen Mann seines Berufs verschwendet waren. Jetzt hatte sein Gesicht alles Anziehende verloren und wurde nur noch von der Narbe beherrscht, die sich quer über sein linkes Auge zog. Die Augenhöhle wurde von einer glattgeschliffenen, pechschwarzen Kugel ausgefüllt. Er legte den Kopf schief und sah Derla an. Sein Mund verzog sich zum Anflug eines teilnahmsvollen Lächelns.

»Ich habe von deinem jüngsten Verlust gehört«, sagte er. »Schlimme Sache. Wie war ihr Name?«

»Livera«, erwiderte Derla.

»Ach ja, Livera. Eine Alpiranerin, wenn ich mich recht entsinne. Sehr ansehnlich, nicht wahr?« Er lehnte sich etwas zurück, und seine obere Gesichtshälfte verschwand wieder im Dunkeln. Ohne eine Antwort abzuwarten, sprach er weiter: »Schönheit kann gefährlich sein. Doch wie ich hörte, wurde die Sache recht schnell geklärt, durch deine eigene zarte Hand sogar.«

»Leider ist mir jemand anderes zuvorgekommen. Eine Verrückte, wie ich erfahren habe.«

Einauge lachte leise. »Natürlich.« Er tippte mit dem Daumen auf den Tisch, um anzuzeigen, dass er keine Karten austauschen wollte.

»Lord Mustor«, Derla wandte sich zur Linken, »Euer Einsatz bitte.«

»Zwei Goldstücke.« Mustor warf die Münzen in den Topf. Derla sah, dass sich seine Verwunderung in ein Stirnrunzeln verwandelt hatte. Vermutlich dachte er über Einauges Worte nach. *Jetzt sieht er mich zum ersten Mal richtig*, dachte sie. *Ob ihm der Anblick wohl immer noch gefällt?*

Der Alpiraner stieg aus und legte seine Karten offen auf den Tisch, ohne eine Miene zu verziehen. Ihm folgte kurz darauf der Nilsaeler, sodass nur noch Mustor und Einauge im Spiel waren.

»Ich bleibe drin.« Einauge legte beide Hände flach auf die Tischplatte, beugte sich vor und sah Mustor fragend an. Die Augen des Cumbraelers ruhten noch einen Moment auf Derla, bevor er sich seinem Gegner zuwandte. Er konnte den Einsatz erhöhen und Einauge zwingen, entweder mitzuziehen oder auszusteigen. Beides mochte von diesem eigenartigen König als Beleidigung aufgefasst werden. Derla kam der Gedanke, dass Mustor möglicherweise gar nicht genau wusste, wer Einauge war. Während seiner Ausflüge in die zwielichtigen Ecken Varinsburgs musste er zweifellos schon seinen Namen gehört haben – doch war er sich im Klaren darüber, welche Gefahr dieser Mann darstellte?

Mustor betrachtete die bereits offengelegten Karten und runzelte die Stirn. Derla wusste, dass dies nur zur Schau war – egal, ob nüchtern oder betrunken, dieser Mann konnte selbst die schwierigsten Wahrscheinlichkeiten innerhalb weniger Sekunden berechnen. »Nennt mich einen Spielverderber, mein Herr«, sagte Mustor und schenkte Einauge ein entschuldigendes Lächeln, während er zwei weitere Goldstücke in den Topf legte. »Aber ich muss leider erhöhen.«

Einauge zog sich erneut in die Dunkelheit zurück und drehte dann seine Karten um, die insgesamt einen Wert von weniger als zwölf Punkten hatten. »Ich steige aus«, sagte er. »Ihr habt dem guten Kapitän hier zu verstehen gegeben, dass Glück bei diesem Spiel nicht von Belang ist. Es bestand jedoch eine gute Chance, dass ich drei der Adelskarten auf der Hand habe, oder nicht?«

»Nein.« Mustor drehte seine Karten um; er besaß die Königin der Rosen, den Prinzen der Schlangen und den Herrn der Schwerter und dazu noch drei Karten von niedrigerem Wert.

Einen Moment lang herrschte Schweigen, während die beiden ungleichen Lichtpunkte im Dunkeln blinkten. »Es freut mich, dass Euer Ruf nicht übertrieben ist, Euer Lordschaft«, sagte Einauge, hob eine Hand und schnippte mit den Fingern. »Wie wäre es mit etwas Wein?«

Drei Kellnerinnen tauchten aus der Dunkelheit auf und brachten Flaschen und Kelche. So schnell, wie sie herbeigeeilt kamen, war offensichtlich, dass sie bereits auf Einauges Zeichen gewartet hatten. »Ein cumbraelischer Jahrgang natürlich«, sagte Einauge, während die Frauen neben jedem Spieler einen Kelch abstellten. »Wie ich hörte, seid Ihr auf diesem Gebiet so etwas wie ein Fachmann, Lord Mustor.«

»Ich war immer schon der Meinung, dass ein Mann seiner Leidenschaft mit ganzem Herzen folgen sollte«, sagte Mustor und nickte der Kellnerin zu, die seinen Kelch füllte. Sie stellte die Flasche ab und verschwand in der Dunkelheit, Mustor jedoch verschränkte die Arme und machte keine Anstalten, den Wein anzurühren. Die anderen Spieler waren weniger zurückhaltend – der Alpiraner nahm einen kleinen, anerkennenden Schluck, der Nilsaeler und der Kapitän dagegen tranken den halben Kelch leer. *Nun gut,* dachte Derla und bemühte sich dabei, ihr Entsetzen zu verbergen, *zumindest wird das Spiel kürzer als erwartet.*

»Ein lobenswerter Grundsatz«, sagte Einauge zu Mustor und hob seinen Kelch. »Und wie lautet Eure Meinung zu diesem guten Tropfen, wenn ich fragen darf?«

Derla sah Mustor in die Augen und schüttelte kaum merklich den Kopf. Er lächelte gezwungen und wollte antworten, hielt jedoch inne, als sein Blick auf etwas hinter Derla fiel. Sie musste sich nicht umdrehen, um zu wissen, was es war, denn sie sah dasselbe hinter Mustor: eine schmale Klinge, die in der Dunkelheit funkelte. Eine von vielen. Neben ihr begann der meldeneische Kapitän zu husten.

»Einen Moment bitte«, sagte Mustor und hob den Weinkelch an die Nase. »Levlintal«, sagte er, nachdem er ausgiebig an dem Kelch geschnüffelt hatte. Gleichzeitig fingen auch der Alpiraner und der Nilsaeler zu husten an. »Aus dem Südwesten Cumbraels. Eine hübsche Gegend, muss man sagen.« Er schnüffelte erneut und verzog das Gesicht, als der Kapitän ein weiteres Mal hustete, diesmal lauter. Der Meldeneer hob die Hand an den Mund, und Derla sah rosafarbenen Schaum auf seinen Fingerspitzen.

»Zehn Jahre alt«, fuhr Mustor fort. »Die Trauben wurden auf dem Höhepunkt der Reife gepflückt. Der richtige Zeitpunkt ist nicht leicht zu bestimmen, weshalb ich denke, dass der Wein von den Ländereien Lord Esters stammt. Ein Mann, der sich auf sein Handwerk versteht.«

»Bislang alles richtig«, räumte Einauge ein und roch an seinem eigenen Kelch. »Und wie steht es mit dem Geschmack, Euer Lordschaft? Was verrät Euch der?«

Der Kapitän, der seine rosafleckigen Finger betrachtet hatte, verkrampfte sich plötzlich, klappte nach vorn und krachte mit der Stirn auf die Tischplatte.

»Entschuldigt«, sagte Einauge zu Mustor und wandte sich dem inzwischen heftig würgenden Meldeneer zu. »Übrigens, Kapitän Alrath, ich glaube, es wird Zeit, unsere Zusammenarbeit zu beenden. Eure Entscheidung, erneut die Preise anzuheben, war sehr bedauerlich. Für Euch, Eure Mannschaft und Eure Gäste.«

Der Kapitän richtete sich abrupt auf. Sein Gesicht war purpurrot, und seine Augen quollen hervor, während zwischen den zitternden Lippen dickflüssiges Blut hervorströmte. Der Alpiraner neben Mustor sprang auf, fletschte die blutfleckigen Goldzähne und zog aus den Falten seines Seidengewandes ein Messer mit dünner Klinge. Etwas blitzte hinter ihm in der Dunkelheit auf. Er drückte den Rücken durch, und das Messer fiel ihm aus den verkrampften Fingern, während eine Stahlklinge aus seiner Kehle hervorwuchs. Der übelriechende Nilsaeler sackte zuckend nach vorn, und ein roter Strom lief ihm aus Nase und Mund.

»Verzeihung, mein Herr«, sagte Mustor und stellte den Kelch mit einer Gelassenheit ab, die Derla ihm nicht zugetraut hätte. »Aber ich fürchte, der Geschmack könnte etwas bitter sein.«

Kapitel II

Einauge lachte. Sein Lachen klang seltsam wohltönend und aufrichtig belustigt. »So, so«, sagte er, als er aufstand. »Ein Trunkenbold will mir also meinen Spaß verderben.«

Brüllend stürzte Kapitän Alrath sich auf Einauge und packte ihn an der Kehle, sein rotes Gesicht von Wahnsinn verzerrt. Derla sprang von ihrem Stuhl auf, als der Tisch umgerissen wurde und Münzen und Karten durch die Luft flogen. Sie ließ sich auf alle viere nieder und hastete davon. Als sie noch einmal zurückblickte, sah sie, wie der Kapitän Einauge aufs Deck warf und seinen Mörder zu erwürgen suchte, während fiebriges Gestammel aus seinem Mund drang. Mehrere Klingen blitzten in der Finsternis auf, und der Kapitän erstarrte. Blut floss aus zahllosen Wunden auf seinem Rücken, doch noch immer hielt er Einauge fest gepackt und schlug seinen Kopf wieder und wieder auf die Planken. Derla riss sich von dem Anblick los und kroch weiter.

Es klang, als sei das ganze Schiff in Aufruhr – von überall her ertönten Angst- und Schmerzensschreie von Männern und Frauen. Stahlklingen trafen klirrend aufeinander, Möbel zersplitterten, und hin und wieder schlug irgendwo dumpf ein Armbrustbolzen ein. Alles deutete darauf hin, dass Einauge keine Zeugen am Leben lassen wollte.

Sie hatte nur wenige Meter zurückgelegt, als jemand sie an den Schnüren ihres Mieders festhielt. »Kwo Sha lässt grüßen«, sagte eine männliche Stimme, in der Vorfreude mitschwang.

Derla verschwendete keine Zeit darauf, zu dem Angreifer hochzuschauen, sondern riss augenblicklich den Kopf zur Seite. Das Messer erwischte sie nur knapp am Ohr und hinterließ dort einen kleinen Schnitt, bevor es sich in die Planken bohrte. Sie drehte den Kopf und biss kräftig in die Hand, die das Messer hielt, bis sie Blut schmeckte. Ihr Angreifer stieß einen lauten Fluch aus, und sein Griff an ihrem Mieder lockerte sich etwas. Blitzschnell zog sie ihr eigenes Messer und stach damit nach den Beinen des Mannes. Dieser war jedoch flink und sprang außer Reichweite, sodass die Klinge nur über Stiefelleder glitt.

Derla kam in die Hocke und blickte hoch. Der Näher stand vor ihr und drückte sich die verletzte Hand an die Brust. Sein Gesicht war weiß vor Schmerz und Wut. »Ich wollte dich nur bluten lassen«, zischte er. »Jetzt werde ich dich zu Tode fick-«.

Eine Flasche zerbarst am Schädel des Mannes, Glassplitter und Weintropfen spritzten umher. Mustor hatte einen überraschend starken Arm. Der Gesetzlose fiel wie ein Stein zu Boden und blieb still liegen. Für Derlas Geschmack jedoch nicht still genug.

»Vielen Dank, Euer Lordschaft«, sagte sie und stieß ihr Messer in den Nacken des Nähers. Dann zog sie es heraus und wischte es an seinem Wams sauber. »Ich glaube, wir sollten von hier verschwinden. Behaltet das lieber«, fügte sie hinzu und nickte in Richtung des abgebrochenen Flaschenhalses, den Mustor noch in der Hand hielt.

Sie führte ihn zum Heck des Schiffes, stieg dabei über Tote und Sterbende hinweg und umging die Kämpfe, die noch an Bord tobten. Im Dunkeln war es schwer, die einzelnen Parteien auseinanderzuhalten. Meldeneer und unabhängige Verbrecher kämpften in trunkener Verwirrung gegeneinander, und Einauges nüchterne Handlanger töteten alle ohne Unterschied. Derla sah, wie ein Mann eine barbusige Hure aus einem Versteck hervorzerrte, und wandte den Blick ab, als er ihren Kopf an den Haaren zurückzog und ihr einen Dolch an die entblößte Kehle hielt. Mustor hingegen besaß offenbar ritterlichere Ambitionen. Er sprang vorwärts und stieß dem Mann die zerbrochene Flasche in die Augen, worauf dieser schreiend auf die Knie sank.

Die Hure blickte kurz zu ihrem Retter hoch, kam dann auf die Beine und floh jaulend wie ein Hund in die Dunkelheit.

»Kommt schon!« Derla ergriff Mustors Hand und zog ihn fort. »Keine Heldentaten mehr, wenn ich bitten darf. Ich muss Euch lebend hier rausbringen.«

»Auf wessen Befehl?«, fragte Mustor. »Du handelst doch im Auftrag von irgendjemand, oder?«

»Es sollte Euch nicht schwerfallen, Euch diese Frage selbst zu beantworten.«

Derla sah eine Gestalt in der Dunkelheit vor ihnen. Trübes Licht spiegelte sich auf den Armen einer gespannten stählernen Armbrust. Sie schleuderte Mustor gegen ein Schott und spürte noch im selben Moment etwas an ihrer Wange vorbeizischen. Ein Armbrustbolzen bohrte sich nur zwei Zoll von ihrem Kopf entfernt in einen Balken. Sie wirbelte herum und stürzte sich auf den Schützen. Er hielt einen zweiten Bolzen zwischen den Zähnen und spannte gerade ein weiteres Mal die Armbrust. Die Schnelligkeit ihres Angriffs schien ihn zu überraschen, er ließ die Armbrust fallen und griff nach dem Beil in seinem Gürtel. Doch da hatte Derlas Messer ihm schon die Kehle aufgeschlitzt. Sie ließ den Mann blutend liegen und winkte Mustor.

»Hier«, sagte sie und ging zu einem offenen Bullauge. Als sie hinausschaute, stellte sie zu ihrer Erleichterung fest, dass sich die vertäuten Boote noch an Ort und Stelle befanden. »Es ist ziemlich hoch. Aber besser als die Alternative.«

Mustor betrachtete das Bullauge und wandte sich ihr dann mit misstrauischem Blick zu. »Wer war Livera?«, fragte er. »Ist sie der Grund, warum du meine Bekanntschaft gesucht hast?«

»Willst du etwa hier sterben, du verfluchter Trunkenbold?«

Ihr wütender Schrei ließ ihn blinzelnd einen Schritt zurücktreten. »Nein«, sagte er und wischte sich den Speichel ab, der ihn im Gesicht getroffen hatte. »Das will ich nicht.«

»Gut.« Sie machte einen Schritt beiseite und nickte in Richtung des Bullauges. »Nach Euch, Euer Lordschaft.«

Er verzog das Gesicht und kletterte dann durch die Öffnung. »Das ist tatsächlich ziemlich hoch …«, sagte er zögernd.

Derlas Fuß traf Mustors Hintern mit so viel Wucht, dass er durch die Öffnung verschwand. Dann kletterte sie selbst hindurch und stieß sich mit den Beinen kräftig ab. Sie hatte das Pech, in eine Lücke zwischen zwei Booten zu fallen und sich den Knöchel zu verstauchen, bevor sie ins Meer stürzte. Ihr Kleid saugte sich augenblicklich mit Wasser voll, und sie sank schnell. Auch wenn der Stoff leicht war, reichte das zusätzliche Gewicht doch aus, um sie unter die Wasseroberfläche zu ziehen. Derla kämpfte gegen den Sog an und paddelte wild mit Armen und Beinen, um wieder hoch zu kommen. Es gelang ihr, einen Arm aus dem Wasser zu strecken, bevor sie wieder unterging. Eine Hand packte die ihre, hielt sie fest und zog sie nach oben.

Derlas Kopf tauchte aus dem Wasser auf, und sie sah sich Mustor gegenüber. »Ich hoffe, du wirst für das Ganze gut bezahlt«, sagte er, ergriff sie unter den Schultern und zog sie ins Boot.

Derla erlaubte sich nur einen Moment, um wieder zu Atem zu kommen, dann kämpfte sie sich hoch. »Dort«, sagte sie und deutete auf das Boot, mit dem sie hierhergekommen waren und das sich nur ein Dutzend Meter entfernt befand. Stolpernd sprangen sie von Boot zu Boot, bis sie es erreicht hatten. Derla griff sich die Ruder, und Mustor machte die Leinen los. Sie legte sich in die Riemen, und Mustor bediente die Pinne, um sie auf das blinkende Laternenlicht im Hafen von Varinsburg zuzulenken. Sie hatten jedoch nur wenige Meter zurückgelegt, als ein Hagel aus Armbrustbolzen wie Stahlregen auf das umliegende Wasser niederging.

»Findet ihr es nicht unhöflich, eine Feier zu verlassen, ohne euch bei eurem Gastgeber bedankt zu haben?«, rief eine Stimme vom Schiff herab.

Derla senkte die Ruder und entdeckte Einauge an der Reling des Oberdecks der *Margentis.* Zu beiden Seiten von ihm standen ein Dutzend mit Armbrüsten bewaffnete Männer. Einauge hielt etwas in der Hand, etwas Großes, Rundes, von dem dunkle Flüssigkeit auf die Flanke der *Margentis* tropfte, als er es hin und her schwenkte. »Ich muss schon sagen, Kapitän Alrath ist zutiefst beleidigt.« Er hob den abgetrennten Kopf hoch und hielt ihn sich ans Ohr, als würde er auf etwas lauschen, das dieser ihm zuflüsterte. »Tatsächlich?«, fragte er und wandte sich wieder Derla und Mustor zu. »Das scheint mir eine recht harte Strafe«, fuhr er mit bedauernd hochgezogenen Brauen fort, »aber Ihr seid der Kapitän.«

Er warf Alraths Kopf weg, der mit dumpfem Aufprall auf einem der Boote aufkam. Dann griff Einauge nach einem Seil und schwang sich damit von der Reling. Mit einem perfekten Salto landete er auf einem der äußeren Boote, wo er sich verbeugte, als hätte ihm jemand Beifall geklatscht. »Danke. Ich habe in jüngster Zeit ein paar Tricks gelernt und kann manchmal einfach nicht umhin, ein bisschen damit anzugeben.«

Als er sich aufrichtete, verschwand alle Belustigung aus seinem blutbespritzten Gesicht. Mit zuckender Miene musterte er sie. *Er hat nicht nur ein Auge verloren,* dachte Derla, *sondern auch seinen Verstand.*

»Wenn du diesen Mann tötest«, sagte sie so ruhig wie möglich und deutete auf Mustor, »wird König Janus das ganze Viertel auseinandernehmen, um dich zu finden. Seine Folterer werden dich vor deinem Tod tagelang leiden lassen.«

Einauge lächelte, wenngleich ihr auffiel, dass sich das Zucken in seinem Gesicht etwas verstärkt hatte. »Im Moment musst du dir nur über *einen* König Gedanken machen«, sagte er mit einer merkwürdigen Stimme, die in den Ohren wehtat. Es klang so, als würde er mit vielen verschiedenen Akzenten gleichzeitig sprechen. Wahrscheinlich ein weiteres Symptom seines Wahnsinns. »Kwo Sha hat mich für deinen Tod gut bezahlt«, fuhr Einauge fort. »Eigentlich wollte ich das erst später erledigen, aber nun bist du mir erfreulicherweise schon an meinem Krönungsabend in die Arme gelaufen. Was ihn betrifft«, Einauge wandte sich Mustor zu, und sein Gesicht begann erneut heftig zu zucken. »Er muss sterben …« Einauge verstummte, und das Zucken hörte einen Moment lang auf. Als er weitersprach, klang seine Stimme wieder normal. »Keine Ahnung, warum …

Aber es ist so.« Er drehte sich um und hob die Hand, um den Schützen auf dem Schiff ein Zeichen zu geben.

»Frentis«, sagte Derla.

Einauge erstarrte und senkte langsam die Hand. Als er sich ihr wieder zuwandte, zuckte sein Gesicht so heftig, als wollte es sich in ein anderes verwandeln. »Frentis«, sagte er mit seiner gewohnten Stimme, die allerdings wegen der Zuckungen etwas undeutlich klang.

»Ich weiß, wo er sich befindet«, sagte Derla. Sie nahm die Ruder und hielt sie so, dass die Blattspitzen ins Wasser tauchten.

»Damit kannst du *dein* Leben erkaufen«, sagte Einauge, dem der Speichel aus dem Mundwinkel lief. »Aber nicht seins«, fügte er wieder mit jener merkwürdig klingenden Stimme hinzu und nickte in Mustors Richtung. Inzwischen zitterte er am ganzen Körper. Derla hatte den Eindruck, als mühte er sich, etwas in seinem Inneren – vielleicht seinen Wahnsinn – lange genug niederzuhalten, um herauszufinden, was sie wusste.

»Unser beider Leben«, sagte Derla und begann langsam zu rudern. Das Boot entfernte sich ein Stück vom Schiff. »Sonst kannst du deinen Männern gleich sagen, dass sie schießen sollen. Denn wenn dieser Mann stirbt, schneide ich mir die Kehle durch, bevor ich dir irgendetwas verrate.« Sie ruderte erneut, und Einauges zitternde Gestalt wurde noch ein wenig kleiner.

»Selbstopferung liegt nicht in der Natur einer Hure«, sagte er mit seiner merkwürdigen Stimme.

»Ich bin schon tot«, rief Derla zurück. Sie zog wieder an den Rudern, diesmal etwas kräftiger.

»Wo ist er?«, fragte Einauge jetzt wieder in normalem

Ton. Auch das Zittern hatte aufgehört. »Sag es mir! Du weißt, dass du dich in dieser Stadt nicht verbergen kannst. Nicht vor mir.«

Derla ruderte kräftig, und das Boot glitt mühelos durch das ruhige Hafenwasser. Sie waren noch nicht ganz außer Reichweite der Armbrüste, aber auf diese Entfernung würden nur wenige Schützen sicher treffen.

»Beim sechsten Orden!«, rief sie zurück. Ihre Stimme brach, und unerwartet wurden ihr die Augen feucht. Sie holte tief Luft und schrie: »Er ist beim sechsten Orden! Versuch nur, dort an ihn heranzukommen, du verdammter Irrer! Ich wünsch dir viel Glück!«

Sie ruderte nun mit ganzer Kraft, bis die *Margentis* zu einem krötenähnlichen Klumpen zusammengeschrumpft und Einauge nur noch ein kleiner Punkt in der Ferne war. Brust, Arme und Beine brannten von der Anstrengung, und sie keuchte schluchzend.

»Ich glaube, du kannst jetzt aufhören«, sagte Mustor und ergriff ihre Schultern. »Wir sind in Sicherheit.«

Derla zog die Ruder ein und ließ sie ins Boot fallen. Erschöpft sackte sie zusammen, während sich in der Magengrube ein unangenehmes Brennen ausbreitete. Schuld war für sie ein ganz und gar unvertrautes Gefühl.

»Ihr habt gefragt, wer Livera war«, murmelte sie, als das Schluchzen nachgelassen hatte. »Sie war die Frau, die ich geliebt habe. Vielleicht der einzige Mensch auf dieser Welt, den ich jemals lieben werde. Sie ist gestorben, und ich bin es ebenfalls. Der König hat mich in seine Dienste genommen und … und ich glaubte, wiedergeboren zu sein und die Gabe ihres Lebens in mir bewahren zu können, wie es in den Katechismen heißt. Aber jetzt … jetzt habe ich sie verraten.«

»Du hast mir das Leben gerettet.« Mustor ergriff ihr Kinn und hob ihr Gesicht an. Lächelnd wischte er ihre Tränen fort. »Wenn auch auf Befehl des Königs. Aber deswegen bin ich dir nicht weniger dankbar. Und werde es immer sein, Derla. Bitte mich, worum du willst. Ich stehe bis ans Ende meiner Tage in deiner Schuld. Das schwöre ich bei den Zehn Büchern und der Liebe des Vaters.«

Schniefend nickte Derla und schob seine Hand weg. »Wir sind heute Nacht beide ungewöhnlich fromm, Euer Lordschaft«, sagte sie und griff wieder nach den Rudern, um das Boot auf einen freien Platz am Kai zuzusteuern. Im Hafen war das übliche laute Gewirr betrunkener, streitender und wollüstiger Stimmen zu hören, das erst in den frühen Morgenstunden verklingen würde. Es erschien ihr ein angemessener Empfang.

»Weißt du«, sagte Mustor, schmatzte mit den Lippen und runzelte nachdenklich die Stirn, »ich glaube, ich habe schon einen ganzen Tag lang nichts mehr getrunken.«

»Eine beeindruckende Leistung.«

»Ja, aber etwas, das nie wieder vorkommen wird, wenn es nach mir geht. Zufällig kenne ich einen Weinverkäufer, der in der Nähe des Hafens eine Schenke hat. Er hat mir schon vor einer Weile einen besonderen Tropfen versprochen. Du darfst dich mir gerne anschließen.«

»Ich muss leider ablehnen, Euer Lordschaft. Ich habe einen Bericht abzuliefern.« Sie richtete den Blick auf die trüben Umrisse der *Margentis* in der Ferne und hörte das leise Klatschen von Leichen, die ins Wasser geworfen wurden. *Bald wird es noch eine mehr sein.* »Außerdem«, fügte sie im Flüsterton hinzu, »gibt es da einen Gewürzhändler, dem ich dringend einen Besuch abstatten muss.«

»Dann vielleicht ein andermal.«

Derla und Mustor tauschten ein kleines Lächeln aus. Sie war sich nicht sicher, ob dies das Ende oder der Anfang von etwas war. Womöglich würde sie von Alveric eines Tages den Befehl erhalten, diesen Mann zu töten. *Eher noch wird er jemandem befehlen, mich zu töten.* Die Vorstellung erzeugte einen Funken Furcht in ihr, eine Furcht, an die sie sich mit aller Macht klammerte. Sie dachte an das Grauen, das sie erlebt hatte – den Anblick von Liveras bleichem, leblosem Gesicht, die leeren Augenhöhlen des Mannes, der sie getötet hatte. Und der Funke blühte auf und brannte mit einer Hitze, die alles Schuldgefühl auslöschte und sie auflachen ließ.

Ich bin also doch nicht gestorben, dachte sie. *Furcht kennt nur, wer am Leben ist.*

Der Lord Collector

Die folgende Geschichte ist in derselben Welt angesiedelt wie mein Roman Das Lied des Blutes, *der erste Band der »Rabenschatten«-Trilogie. Mir ging es darum, einige Figuren aus* Das Lied des Blutes *und den beiden Fortsetzungsbänden* Der Herr des Turmes *und* Die Königin der Flammen *näher zu beleuchten. Leser meiner Romane werden sicherlich einen gewissen Schwertmeister des sechsten Ordens mit blassen Augen und einer Reibeisenstimme wiedererkennen, und diejenigen, die mehr über die Herkunft des Turmherrn der Südküste erfahren wollen, werden hier Antworten finden. Die Geschichte ist etwa in der Mitte der Zeitlinie angesiedelt, welche die Handlung von* Das Lied des Blutes *durchzieht – in der Phase, als König Janus noch mit der ihm eigenen Rücksichtslosigkeit seine Herrschaft über die Vereinigten Königslande festigt.*

»Wo sind sie, Varesch?«

Varesch Baldir war ein hochgewachsener Mann, etwas über vierzig Jahre alt und von stämmiger Statur. Ein üppiger Bart verbarg wettergegerbte Züge, wie man sie bei Küstenbewohnern häufig fand. Er runzelte die buschigen Brauen, während er Jehrid anstarrte. In seinen Augen leuchteten Hass und Wut, kurzzeitig schimmerte jedoch auch Furcht darin.

»Wir haben knapp vierzig Leichen am Strand gezählt, nachdem ihr die Fregatte in eine Falle gelockt hattet«, fuhr Jehrid fort, der sich für den Moment im Vorteil sah. »Ich kenne den Kodex genau wie du. Blut wird mit Blut bezahlt.«

Varesch holte tief Luft, schloss die Augen und drehte sein Gesicht dem Meer zu. Hass und Furcht verschwanden, während der Salzwind seine Stirn glättete. Kurz darauf öffnete er die Augen wieder und sah Jehrid an. Seine Lippen waren unnachgiebig zusammengepresst, und er ballte die tätowierten Hände zu Fäusten, was die Fesseln an seinen feisten Handgelenken zum Klirren brachte.

Das einzige Gesetz ist Schweigen, dachte Jehrid. Die erste Regel des Schmugglerkodex, die ihm viele unglückliche Jahre lang eingebleut worden war. *Wir verschwenden unsere Zeit.*

Seufzend trat er an Nawens Schlund heran, ein eigentümliches breites Loch in dem Felsüberhang, auf dem sie standen. Vareschs Kette führte von den Handfesseln zu einem Eisenring an einem Stein, der an eine auf den Kopf gestellte Birne erinnerte. Oben befand sich eine große Kugel, die nach unten hin schmaler wurde. Er bestand aus dem blassroten Sandstein, der an der südasraelischen Küste weit verbreitet war und den Häusern hier ihre typische Farbe gab. Nach Antreten seines Postens hatte Jehrid als Erstes einem Steinmetz den Auftrag gegeben, diese Steine herzustellen. Sie sollten mindestens doppelt so schwer sein wie ein Mensch, dabei aber so geformt, dass sie sich leicht in den Schlund kippen ließen. Als sie fertig waren, hatte er sie von seinen Männern in einer ordentlichen Reihe auf dem Überhang aufstellen lassen – eine deutliche Absichtserklärung. Angefangen hatte er mit zwanzig; inzwischen waren nur noch fünf übrig, und bald würden es vier sein.

Jehrid setzte einen Stiefel auf den Stein und blickte zu den Wellen hinunter, die sich tief unten an den Felsen brachen. Die Seeschwalben hatten sich bereits versammelt und stießen mit angelegten Schwingen auf die Wogen hinab, bereit, sich an dem frischen Mahl gütlich zu tun. Diese Küste war seit jeher ein Paradies für Aasfresser. Die Vögel waren alles, was noch von den sechs Männern zeugte, die Jehrid bereits in den Schlund gestoßen hatte – Vareschs Sippe: vier Vettern, ein Bruder und ein Neffe. Die Letzten der Steinernen Zähne, einer Bruderschaft aus Schmugglern und Strandräubern, die diese Küste seit mehr als drei Generationen heimsuchte. Vor dem Hinabstoßen der Steine hatte Jehrid Varesch jedes Mal dieselbe Frage gestellt, und jedes Mal hatte der Anführer der Steinernen Zähne schweigend zugesehen, wie ein Mitglied seiner Sippe in den Tod stürzte. Vareschs einziges Kind, eine Tochter, die aufgrund ihrer Bösartigkeit berüchtigt war, hatte durch einen Armbrustbolzen das Leben verloren, als Jehrid und seine Männer die Höhle der Schmuggler gestürmt hatten – eine schmale Felsspalte im Klippenlabyrinth östlich von Südturm, die mit allerlei Beutegut von der alpiranischen Fregatte vollgestopft gewesen war, welche die Bande vor einem Monat auf die Felsen gelockt hatte. In der Nacht zuvor hatte einer von Vareschs Vettern in der Stadt ein Bordell besucht und sich vom Wein die Zunge lockern lassen. Freudenmädchen als Spitzel hatte Jehrid schon immer zu schätzen gewusst.

»Meine Mutter erzählte mir einst, wie der Schlund zu seinem Namen kam«, sagte er in versonnenem Ton zu Varesch. »Willst du die Geschichte hören?«

»Deine Mutter war eine pockenverseuchte Hure«, erwiderte Varesch mit vor Wut zitternder Stimme, »die einen Verräter geworfen hat.«

»Er ist nicht natürlichen Ursprungs, musst du wissen«, fuhr Jehrid ungerührt fort. »Nawen, oder Na Wen, wie er eigentlich hieß, war Kapitän und einziger Überlebender eines Schiffes aus dem Fernen Westen, das an diesen Klippen zerschellte. Eine einsame alte Fischersfrau nahm ihn bei sich auf, wenngleich man sich erzählt, er sei damals schon nicht mehr ganz bei Verstand gewesen. Tag für Tag kam er hierher, um mit Hammer und Meißel den Fels zu bearbeiten. Und das zwölf Jahre lang, bis er ein vollkommen rundes Loch in den Überhang geschlagen hatte. Als er fertig war … nun, du kannst dir wohl denken, was er als Nächstes tat.«

Jehrid streckte das Bein und neigte den Stein auf den Schlund zu. »Niemand weiß, warum er es getan hat. Wer kann schon die Gedanken eines Wahnsinnigen begreifen? Meine weise Mutter hielt es für einen Racheakt, den Wunsch, die Küste zu markieren, die sein Schiff zerstört und seine Mannschaft getötet hatte.«

Er schenkte Varesch einen letzten fragenden Blick. »Ein Leben in den Minen des Königs ist nicht angenehm«, sagte er, »aber immerhin ein Leben. Ich weiß, dass sich die Steinernen Zähne mit den Roten Brechern verbündet haben, um dieses Schiff aufzubringen. Die Lage muss ziemlich verzweifelt gewesen sein, wenn erbitterte Feinde ein Bündnis schließen. Jetzt ist Gelegenheit, ein paar alte Rechnungen zu begleichen, Varesch. Sag mir, wo sich ihre Höhle befindet.«

Varesch spuckte vor Jehrid auf den Fels und richtete sich auf. »Wenn ich im Jenseits auf deine Mutter stoße, dann …«

Jehrid trat gegen den Stein, der daraufhin in den Schlund stürzte. Rasselnd spannte sich die Kette, und Varesch blieb kaum Zeit für einen kurzen Aufschrei, bevor er in das Loch gezogen wurde. Seine Knochen knackten beim Aufprall auf den Fels, gefolgt von einem verzweifelten Heulen, während er zu den tosenden Wellen hinabstürzte.

»Notiere für die Depesche an den König«, sagte Jehrid zu seinem Gehilfen, einem gedrungenen Nilsaeler, der ebenso wegen seiner Schreibkünste wie seiner Fähigkeiten im Umgang mit der Armbrust angeheuert worden war: »Varesch Baldir, Anführer der Bande mit der Bezeichnung die Steinernen Zähne, wurde heute zusammen mit sechs seiner Kumpanen hingerichtet. Exekution auf Geheiß des Königs ausgeführt von Jehrid Al Bera, Lord Collector. Füge eine Liste des Schmuggelguts bei, das wir gefunden haben, und erinnere die Männer daran, dass ich die Liste überprüfen werde.«

Der Gehilfe nickte knapp und schwieg klugerweise. Wie die meisten, die in den Dienst des Lord Collectors getreten waren, hatte er schnell begriffen, dass Jehrid auch nicht den kleinsten Diebstahl duldete. »Ihr erhaltet nicht ohne Grund den doppelten Sold wie die Soldaten des königlichen Heers«, hatte er den versammelten Männern gesagt, als er eines Morgens einen ehemaligen Angehörigen der Stadtwache von Varinsburg auspeitschte, weil dieser sich an einem Fläschchen Rotblüte vergriffen hatte. »Gier wird hier nicht geduldet.«

»Da kommt ein Reiter, Herr«, rief einer seiner Männer und deutete nach Norden. Der Reiter trug die Uniform der Südgarde; ein junger Rekrut, wie viele dieser Tage. Der neue Turmherr hatte den Befehl des Königs, seinen Herrschaftsbereich von faulem und korruptem Gesindel zu säubern, ohne Umschweife in die Tat umgesetzt – allerdings hatte es ihm danach stark an Gardisten gemangelt.

»Der Turmherr lässt grüßen, Lord Al Bera«, sagte der junge Gardist, während er sein Pferd zügelte und sich im Sattel verneigte. »Er wünscht Euch dringend zu sprechen.«

»Wieder ein Schiffbruch?«, fragte Jehrid.

»Nein, Euer Lordschaft.« Der Gardist richtete sich mit einem vorsichtigen Lächeln wieder auf. »Wir haben … Besuch.«

Turmherr Nohrin Al Modral begrüßte Jehrid mit einem freundlichen Nicken, als er das Gemach betrat, stand jedoch nicht von seinem einfachen Stuhl mit der hohen Lehne auf. Obwohl sie eigentlich gleichen Standes waren, nahm Jehrid ihm den Verzicht auf die Ehrenbezeigung nicht übel. Er kannte den Turmherrn aus seiner Zeit im königlichen Heer, wo dieser erst Hauptmann und später Oberhauptmann gewesen war, und wusste, dass er sich aus überflüssigem Zeremoniell nichts machte. Zudem fehlten Al Modral nur noch zwei Jahre bis zur Siebzig, und seine Beine waren nicht mehr allzu standfest.

Der einfache Stuhl und das beinahe kahle Audienzgemach bildeten einen starken Kontrast zu den Gepflogenheiten des früheren Amtsinhabers. Der ehemalige Turmherr Lord Al Serahl hatte Gäste in einem reich geschmückten Saal auf einem hohen, thronähnlichen Stuhl empfangen – der so hoch gewesen war, dass er ihn nur mit Hilfe einer Leiter erklimmen konnte. Er war ein kleiner Mann gewesen, mit schmalem Gesicht und einer hervorstechenden Nase, womit er Jehrid an einen misstrauischen Papagei erinnert hatte, als er und Lord Al Modral vor sechs Monaten unangekündigt mit einem Haftbefehl des Königs hier eingetroffen waren. Die

Kompanie des königlichen Heeres, die sie begleitete, hatte die anwesenden Südgardisten von unklugen Einmischungen abgehalten, wiewohl sich der unglückselige Al Serahl heiser geschrien hatte, bevor er in seinen Gewändern aus feinster alpiranischer Seide von seinem hohen Thron gestürzt war. Als Jehrid ihn zum Galgen führte, war seine Kleidung bescheidener gewesen.

»Anscheinend gibt es Grund zur Freude, verehrter Lord Collector«, sagte der Turmherr und deutete auf drei Gestalten, die vor ihm standen. »Der Glaube möchte uns in unseren Bemühungen unterstützen.«

Jehrid beugte vor dem Turmherrn das Knie und musterte dann die Besucher. Der größte trug ein Schwert auf dem Rücken und den dunkelblauen Umhang des sechsten Ordens. Er begegnete Jehrids Blick aus gelassen wirkenden hellen Augen. Sein kurz geschnittenes Haar wurde an den Schläfen bereits grau, und seine Gesichtszüge waren schmal, wie es für die tödlichen Diener des Ordens typisch war. Jehrid kannte ihn von einem Vorstoß ins Gebiet der Lonaker, an den er sich nur ungern zurückerinnerte, wenngleich er sich kaum vorstellen konnte, dass dem Bruder der junge Soldat im Gedächtnis geblieben war, der mit blankem Erstaunen zusah, wie er drei lonakische Krieger in ebenso vielen Sekunden niedermachte.

»Bruder Sollis, nicht wahr?« Jehrid begrüßte den blassäugigen Mann mit einer Verbeugung. *Die tödlichste Klinge des sechsten Ordens,* grübelte er, während Sollis den Kopf neigte. *In den Süden gekommen, um Schmuggler zu jagen. Ist der König mit unserer Arbeit derart unzufrieden, dass er den Orden um Hilfe bittet?*

»Das sind Bruder Lucin und Schwester Cresia«, sagte Sollis mit rauher Stimme. Er nickte in Richtung seiner beiden Gefährten, welche die graubraunen Gewänder des zweiten Ordens trugen.

Bruder Lucin war ein dünner, bereits kahl werdender Mann jenseits der Fünfzig. Sein heiterer Ausdruck wirkte auf Jehrid ein wenig aufgesetzt; seine Gesichtszüge waren angespannt, so als trüge er eine Maske und müsste aufpassen, dass sie nicht verrutscht. Schwester Cresia schien höchstens sechzehn Jahre alt zu sein. Ihr honigblondes Haar war aus dem jungen Gesicht zurückgebunden, und ihr schlanker Leib steckte in Gewändern, die ihr ganz offensichtlich unbequem waren. Im Gegensatz zu Lucin sah sie anscheinend keine Notwendigkeit, Heiterkeit vorzutäuschen, sondern begegnete Jehrids Blick mit einer äußerst finsteren Miene.

Der zweite Orden, wunderte sich Jehrid. Wozu brauchen wir hier Missionare?

»Unsere Besucher kommen mit einem besonderen Auftrag, Lord Al Bera«, fuhr der Turmherr fort. »Es geht um die alpiranische Fregatte, die hier letzten Monat Schiffbruch erlitten hat. Ich habe ihnen erklärt, dass Ihr die Sache gut im Griff habt. Ihr habt die Steinernen Zähne doch bereits hingerichtet, nicht wahr?«

»Heute Morgen, Euer Lordschaft«, erwiderte Jehrid. »Die Roten Brecher konnte ich allerdings bislang nicht festsetzen. Es wird aber höchstens noch eine Woche dauern, bis wir sie aufgespürt haben. Meine Gehilfen sind fleißig am Werk. Die Aussicht auf eine hohe Belohnung treibt sie stets zu stärksten Bemühungen an.«

»Eine Woche ist zu lang«, stellte Bruder Sollis fest. »Mit etwas Glück solltet Ihr dank unserer Hilfe schneller vorankommen.«

»Die Hilfe des sechsten Ordens ist uns stets willkommen, Bruder«, erwiderte Jehrid und sah dann in Richtung der beiden Missionare. »Allerdings ist mir nicht ganz klar, wie Eure Gefährten uns unterstützen wollen. Nichts für ungut, verehrter Bruder, geschätzte Schwester, aber die Herzen der Roten Brecher werden sich dem Glauben nicht öffnen, ganz gleich wie viele Katechismen Ihr ihnen um die Ohren haut.«

Schwester Cresias Miene verzog sich zu einem spöttischen Lächeln, und in ihrer Stimme schwang deutlich wahrnehmbare Verachtung mit, als sie murmelte: »Wir können mehr, als nur mit Katechismen um uns werfen.«

Bruder Lucin sah sie scharf an, ohne etwas zu sagen. Doch reichte die Strenge seines Blicks, um sie zum Schweigen zu bringen. Sie senkte den Kopf und anstelle von Verachtung trat Trotz in ihre Züge. »Verzeihung, Euer Lordschaft«, sagte Lucin zu Jehrid. »Dies ist das erste Mal, dass meine Schülerin die Mauern unseres Hauses verlässt. Sie weiß noch nicht viel über die Welt und, wie es scheint, über die Regeln des Anstands.« Er funkelte Cresia erneut wütend an, die den Kopf weiterhin gesenkt hielt, wenngleich Jehrid bemerkte, dass ihre fest verschränkten Hände ein wenig zitterten.

Dieses Mädchen ist genauso wenig eine Missionarin, wie ich einer bin, dachte Jehrid. *Was wollen diese Leute hier?*

»In meinem Orden gibt es die unterschiedlichsten Begabungen«, fuhr Bruder Lucin fort. »Unsere Missionen stellen unseren Körper ebenso auf die Probe wie unseren Glauben. Ich selbst war Jäger, bevor ich mich dazu berufen fühlte, dieses Gewand anzulegen.«

Nein, wart Ihr nicht, stellte Jehrid nach einem kurzen Blick auf die spindeldürren Arme des Bruders und seine faltigen, doch nicht besonders wettergegerbten Züge fest. *Ich könnte wetten, dass Ihr nie länger vor die Tür gegangen seid als unbedingt nötig.* Er nickte jedoch, während der Bruder weitersprach: »Manchmal bitten mich meine Brüder aus dem sechsten Orden meiner Erfahrung als Fährtenleser wegen um Hilfe, wenn ihre eigenen Kräfte anderweitig gebunden sind.«

»Wir wollen uns das Schiffswrack ansehen«, sagte Sollis.

»Davon wird jetzt, nach einem Monat, kaum noch etwas übrig sein«, erwiderte Jehrid. »Die Gezeitenwechsel werden alles Holz von der Küste fortgeschwemmt und die Spuren im Sand getilgt haben.«

»Trotzdem«, sagte Sollis, und seine blassen Augen begegneten ihm mit unnachgiebigem Blick.

Jehrid war dreiunddreißig Jahre alt und hatte davon zwanzig als Soldat verbracht. Er hatte gegen Lonaker gekämpft, gegen Gesetzlose, Ketzer und – wenngleich er nicht gern darüber sprach – Meldeneer. Er wusste, dass er den meisten Männern im Kampf ebenbürtig, wenn nicht gar überlegen war. Bei diesem Mann war es anders – Jehrid hatte nie vergessen, wie er gekämpft hatte. Dennoch war es ihm schon immer schwergefallen, sein Temperament zu zügeln, und er ließ sich von niemandem einschüchtern. Furcht war ein längst vergessenes Gefühl, das hässliche Kindheitserinnerungen hervorrief und ihn dazu verleitete, unklug zu handeln.

»Darf ich fragen«, presste er zwischen zusammengebissenen Zähnen hervor und blickte Sollis dabei in die Augen, »was Euch an diesem Schiffswrack interessiert?«

Sollis legte den Kopf schief, ohne die Miene zu verziehen, wenngleich sich seine Augen ganz leicht verengten. Auf solche Art gemustert und zweifellos als mangelhaft befunden zu werden, ließ Jehrids Zorn noch mehr hochkochen. Zum Glück schaltete sich der Turmherr in das Gespräch ein, bevor er seinem Ärger Luft machen konnte.

»Anscheinend befand sich ein Passagier an Bord«, sagte Lord Al Modral und erhob sich mit einem Stöhnen von seinem Stuhl. Seine Hand auf dem schweren Stab, auf den er inzwischen angewiesen war, zitterte leicht. Jehrid hütete sich, ihm seine Hilfe anzubieten; der alte Mann war immer noch recht stolz und wie Jehrid ein Hitzkopf. »Ein Passagier von einiger Bedeutung, nicht wahr, Bruder?«

»Ganz recht, Euer Lordschaft«, erwiderte Sollis und blinzelte, bevor er seinen Blick auf den Turmherrn richtete. »Einer, den König Janus gern in Sicherheit wüsste.«

»Sämtliche Seelen auf diesem Schiff sind entweder beim Aufprall auf die Felsen gestorben oder in den Wellen ertrunken«, sagte Jehrid. »Die alpiranischen Kaufleute in der Stadt haben sich um die Leichen gekümmert und sich redlich bemüht, anhand ihrer Habseligkeiten ihre Namen zu ermitteln.«

»Der Passagier, nach dem wir suchen, war nicht unter ihnen«, sagte Lucin mit einer Entschiedenheit, die Jehrid genauso zornig machte wie Sollis' abschätzender Blick.

»Sie sind alle tot«, wiederholte er. »Ihr seid umsonst hierhergekommen …«

Lord Al Modrals schwerer Stab pochte auf die Steinplatten. Die Beine des alten Mannes mochten zittrig sein, sein Arm jedoch war nach wie vor stark. Das Geräusch hallte einen Moment im Gemach wider, bevor er erneut sprach: »Verehrte Brüder, geschätzte Schwester, der Lord Collector wird Euch mit Freuden zu dem Wrack begleiten und Euch jegliche Unterstützung angedeihen lassen. Wenn Ihr uns jetzt bitte allein lassen würdet, wir haben noch andere Dinge zu besprechen.«

Nachdem das Dreigespann den Raum verlassen hatte, ging der Turmherr zu dem Buntglasfenster in der Südmauer des Gemachs. Das Fenster war das einzige Überbleibsel, das noch von der Vorliebe des entthronten Lords Al Serahl für kostspielige Verzierungen zeugte, und war einem Kampf und einer Greueltat gewidmet, an welcher der Turmherr keinen direkten Anteil gehabt hatte. Es reichte vom Boden bis zur Decke und stellte ein wahres Wunder der Handwerkskunst dar – verschiedenfarbiges, in Blei gefasstes Glas erzählte, von unten nach oben betrachtet, eine Geschichte. Unten waren zahlreiche Schiffe abgebildet, die aus einem Hafen hinaussegelten. Dass es sich um Südturm handelte, war an dem lanzenähnlichen Bauwerk, das sich über dem Hafen erhob, deutlich zu erkennen. Auf den mittleren Scheiben sah man eine erbitterte Seeschlacht, die sich rein gar nicht mit Jehrids Erinnerungen deckte. Ein Großteil der meldeneischen Flotte hatte damals gar nicht am Kampf teilgenommen – die Piraten hatten höchstens ein Drittel der Schiffe besessen, die ihnen hier zugeschrieben wurden. Im Gegensatz zur Seeschlacht gaben die oberen Scheiben des Fensters die Bilder in Jehrids Gedächtnis jedoch sehr genau wieder: eine Stadt … die brannte. Die Nachmittagssonne war heute frei von Wolken und malte die Szene in lebendigem Detail auf den Boden des Gemachs. Es gab für Jehrid kein Entkommen vor dem grausigen Spektakel und den Erinnerungen, die es hervorrief.

»Mehr als zehn Jahre ist es her«, sagte Lord Al Modral und nickte in Richtung des Fensters. »Und doch kommt es einem manchmal vor wie gestern. Und dann gibt es Tage, an denen das alles nur eine blasse Erinnerung ist, wie der Nachhall eines Alptraums, den man nicht abschütteln kann.«

»Ganz recht, Euer Lordschaft«, sagte Jehrid, ohne den Blick zu heben. Er hasste das Fenster und hatte sich sogar für seine Zerstörung ausgesprochen. Der Turmherr hatte jedoch zu viel Achtung vor der Kunst, um das zuzulassen.

»Bevor … all das hier geschah«, Al Modral deutete mit seinem Stock auf die brennende Stadt, »kannte ich einen Hauptmann, der weniger schnell in Wut geriet.«

»Zehn Jahre sind eine lange Zeit, Euer Lordschaft«, erwiderte Jehrid und kämpfte gegen den Drang an, die Augen zu schließen. Dem Schöpfer des Fensters war es irgendwie gelungen, den genauen Farbton des Feuers einzufangen, das die meldeneische Hauptstadt verschlungen hatte, wobei es zum Glück keine Kunstform gab, die auch die Schreie hätte einfangen können.

»Dennoch«, fuhr Al Modral fort, »würde der König es

sicher begrüßen, wenn sein Geldeintreiber bei dieser Mission einen klaren Kopf behielte.«

Jehrid blinzelte und zwang sich, den Turmherrn anzusehen. »Natürlich, Euer Lordschaft.«

»Sie trafen unangekündigt hier ein, mit Sendschreiben der Aspekten des zweiten und sechsten Ordens, aber ohne königliche Vollmacht. Merkwürdig, nicht wahr? Wo sie doch angeblich im Auftrag des Königs unterwegs sind.«

»Gewiss, Euer Lordschaft. Merkwürdig genug, dass wir sie warten lassen sollten, bis wir Rücksprache mit der Krone gehalten haben.«

Al Modral schüttelte den Kopf. »Als Oberhauptmann habe ich so einiges gelernt, Jehrid. Manches davon solltest auch du dir aneignen, wenn du mir – wie ich hoffe – eines Tages auf diesen Thron folgen willst. Aus dem heutigen Geschehen können wir gleich zwei Lehren ziehen. Zum einen, dass es töricht ist, sich den Orden – und insbesondere dem sechsten – zu widersetzen. Zum anderen, dass Informationen wertvoll sind. Ich möchte gerne wissen, was das für ein Passagier ist, nach dem sie suchen, und was sie an diese Küste treibt.«

Ich hätte ihn nie für einen Intriganten gehalten, dachte Jehrid. *Aber der König hat ihn sicher nicht ohne Grund zum Turmherrn ernannt.* »Ich werde mich darum kümmern, Euer Lordschaft.«

»Gut.« Der Turmherr legte ihm eine Hand auf die Schulter, während sie sich umwandten und zu seinem Stuhl zurückschritten. Ohne Anwesenheit von Zeugen war der alte Mann eher bereit, Hilfe anzunehmen. »Sollte dieser Passagier noch am Leben sein, wissen wir nur zu gut, wer ihn gefangen hält. So der Glaube will, wirst du vielleicht endlich finden, was dich an diese Küste zurückgezogen hat.«

Mit einem Seufzen ließ er sich auf seinem Stuhl nieder; seine Hand glitt von Jehrids Schulter wie ein schlaffer Lumpen. »Glaubst du, sie wird süß schmecken, wenn du endlich in den Genuss davon kommst, mein stürmischer und unversöhnlicher Freund?«, fragte er. »Es heißt, Rache kann recht bitter sein.«

»Sie könnte wie Wermut schmecken, und ich würde trotzdem trinken, bis mir der Bauch platzt.« Jehrid trat zurück und beugte das Knie, bevor er sich wieder erhob und formvollendet salutierte. »Mit Eurer Erlaubnis, Lordschaft.«

Die Schützende Bucht war ein eher unpassender Name für die felsige Einkerbung in der Küste, etwa dreißig Meilen westlich von Südturm. Sie bestand aus hundert Metern Strand, an den steile Klippen grenzten. Bei Flut verwandelte sich die See an dieser Stelle in einen Hexenkessel aus tosenden Wellen, die sich an den zahllosen Gesteinsbrocken unter der Oberfläche brachen. Diese wurden nur bei Ebbe sichtbar – ein dunkles Labyrinth aus zerklüfteten Riffen, das die Bucht zu einem beliebten Ort für Strandräuberbanden machte.

Sie waren am vorangegangenen Abend aus Südturm aufgebrochen. Jehrid ritt mit zwanzig seiner vertrauenswürdigsten Männer. Bruder Sollis wurde von den beiden Missionaren und einem Dutzend Brüdern des sechsten Ordens begleitet. Sie hatten in den Dünen übernachtet und waren dann zur Bucht weitergeritten, wo doch, entgegen Jehrids Erwartungen, tatsächlich noch ein Überrest der alpiranischen Fregatte verblieben war, den die Gezeiten verschont hatten.

Die alpiranischen Kaufleute, die Anspruch auf die vom Schiff geborgene Fracht erhoben hatten, bezeichneten es als die *Selennah* – ein veralteter alpiranischer Begriff, den Jehrid dennoch zu übersetzen vermochte: *Reisende.* Es war ein altes Schiff, aber groß und gut in Schuss – bis es den trügerischen Lichtern der Strandräuber auf den Leim gegangen war. Vielleicht hatte an jenem Abend ein junger Maat an Bord Wache gehalten. Ein erfahrener Seemann hätte es besser gewusst. Drei der gewölbten Querbalken ragten wie von Aasfressern kahl genagte Rippen eines toten Tiers aus den Wellen – mehr war von dem Schiff nicht geblieben, das drei Jahrzehnte lang auf der Erineischen See und darüber hinaus gesegelt war.

»Und es hat keinerlei Überlebende gegeben?«, fragte Schwester Cresia und musterte das Wrack mit einer Miene, die ausnahmsweise einmal nicht trotzig und finster wirkte.

»Die See ist ein effizienter Mörder, Schwester«, erwiderte Jehrid. »Allerdings fanden wir auch einige durchschnittene Kehlen und abgehackte Finger. Strandräuber lassen ungern Zeugen zurück, und schon gar nicht deren Schmuck.«

In Cresias Gesicht mischten sich Empörung und Zorn, was sie Jehrid etwas sympathischer machte. *Hinter dieser finsteren Miene scheint zumindest ein Sinn für Gerechtigkeit zu stecken.*

»Wir drei gehen am besten alleine weiter«, sagte Bruder Lucin und stieg mit einer unbehaglichen Grimasse von seinem Pferd. »Meine … Fähigkeiten entfalten sich besser, wenn es keine Ablenkungen gibt.«

»Die Spuren im Sand sind getilgt, wie ich es gesagt habe«, rief Jehrid ihnen nach, während Schwester Cresia und Bruder Sollis Lucin zum Strand folgten. Dieser winkte bloß ab und kämpfte sich weiter durch die Dünen. Jehrid beobachtete, wie die drei am Strand ankamen. Eine Zeitlang ging Lucin mit Sollis und Cresia im Schlepptau auf und ab und blieb dabei gelegentlich stehen, um auf etwas im Sand zu deuten und sich nachdenklich über das Kinn zu streichen. Jehrid hatte sich nie sonderlich fürs Theater interessiert, aber er erkannte sofort, wenn jemand schauspielerte. *Fährtenleser, von wegen!*

Nach einigem weiteren Mummenschanz blieb Lucin schließlich stehen und richtete den Blick aufs Meer. Für eine Weile stand er nur mit geradem Rücken und locker herabhängenden Armen da und schien gar nicht wahrzunehmen, wie die Wellen über seine Füße schwappten und den Saum seines Gewands durchnässten. Dann plötzlich zuckte er zusammen, schlang die Arme um sich und krümmte sich, wie unter Schmerzen. Schwester Cresia ging offensichtlich besorgt zu ihm, doch er winkte sie fort. Selbst aus der Ferne konnte Jehrid sehen, dass seine Hand zitterte.

»Was ist da los, Herr?«, murmelte sein Gehilfe neben ihm, dessen dunkelhäutiges Gesicht argwöhnisch verzogen war.

»Das geht nur den König etwas an!«, fauchte Jehrid leise. »Hüte deine Zunge.«

Er sah Lucin etwas zu Bruder Sollis sagen, bevor er mit einem erschöpften Kopfschütteln in sich zusammensackte. Schwester Cresia fing ihn auf. Lucin wischte sich die Nase ab, hob dann die Hand, die inzwischen nicht mehr zitterte, und deutete mit entschiedener Geste nach Westen. Jehrid konnte sich wegen der Entfernung nicht ganz sicher sein, aber er hätte schwören können, dass die Hand des Bruders mit Blut verschmiert war.

Sie folgten der Küste, bis es zu dunkeln begann. Bruder Lucin ritt voran, mit Sollis an seiner Seite. Jehrid fand es seltsam, dass Lucin kaum einen Blick auf den Boden warf, während sie angeblich der Spur der Strandräuber folgten. Er hatte keine Ahnung, wohin der Bruder sie führte; an diesem Teil der Küste gab es so gut wie keine der Höhlen und Einbuchtungen, die bei Schmugglern so beliebt waren. Sie war von hohen Klippen und schmalen Sandstreifen gekennzeichnet, wo nur der fähigste oder närrischste Seemann ein Schiff an Land bringen würde.

Nachdem sie eine steile Anhöhe erklommen hatten, die sich etwa zwanzig Meilen von der Schützenden Bucht entfernt befand, blieben Lucin und Sollis schließlich stehen. Jehrid ritt zu ihnen. Lucin deutete auf einen Punkt vor ihnen, eine schmale Rinne, die in die Küste schnitt. Die Wellen brachen sich dort an einer Reihe hoher Sandsteinsäulen, die von den Gezeiten und dem Wind in einer Weise geformt worden waren, dass sie an abgebrochene Klingen erinnerten.

»Dort«, sagte er.

»Die Schwerter?«, fragte Jehrid und schaffte es nicht, einen spöttischen Ton zu unterdrücken. »Ihr glaubt, die Roten Brecher halten sich bei den Schwertern versteckt?«

»Ihr kennt diesen Ort?«, fragte Sollis.

»Jeder, der an der Südküste aufgewachsen ist, kennt diesen Ort und weiß, dass man ihn besser meidet. Selbst bei Ebbe kann dort kein Schiff segeln.«

»Der Flusslauf führt zu einem Wasserfall, nicht wahr?«, erkundigte sich Sollis.

»Das ist richtig. Ein malerischer Ort, aber die Felswand ist zu steil und feucht, um daran hochzuklettern. Und es gibt darin keine Höhlen, was sie für die Brecher unbrauchbar macht.«

Die Brüder tauschten einen Blick, dann nickte Sollis knapp. »Keine Höhle«, sagte Lucin. In seiner Stimme lag ein gewisses Zögern, sodass es den Eindruck machte, als würde er nur gezwungenermaßen ein Geheimnis preisgeben. »Tunnel, die vor vielen Jahren geschaffen wurden.«

»Durch wen?«, fragte Jehrid.

»Die Orden besitzen eine lange Geschichte, Euer Lordschaft«, erwiderte Lucin. »In unseren Reihen gibt es nicht nur Fährtenleser, sondern auch Baumeister.«

»Das ganze Theater am Strand.« Jehrid lachte rauh. »Warum habt Ihr mir nicht gleich in Südturm von diesen Tunneln erzählt?«

»Wir mussten uns sicher sein. Und bitten Euch jetzt um Euer Stillschweigen.«

Jehrid sah erneut zu den Schwertern hinüber – stumme Steinklingen, die sich aus der endlos gischtenden Brandung erhoben. Er erinnerte sich, wie er sie an einem eisigen Morgen vor vielen Jahren das erste Mal gesehen hatte. Zitternd hatte er an der Reling gestanden, und ein großer Mann hatte wärmend die Arme um ihn gelegt und die Namen einiger Seeleute aufgezählt, die so töricht gewesen waren, zu nah an die Rinne heranzufahren – darunter auch sein Großonkel. Auf der Flucht vor den Kopfgeldjägern des Turmherrn war er ein verzweifeltes Wagnis eingegangen und mit seinem Schiff an den Schwertern zerschellt. »So war damals das Gesetz«, hatte der große Mann gesagt. »Man setzte eine Belohnung auf uns aus und hetzte uns den Abschaum des Erzlehens auf den Hals. Wir haben um diese Küste einen Krieg geführt, mein Junge, auch wenn er in keiner Geschichte verzeichnet ist. Jetzt, da wir einen König haben, geht alles zivilisierter zu, aber Blut wird immer noch mit Blut bezahlt.«

»Was befindet sich dort drinnen?«, fragte Jehrid Lucin.

»Etwas, das verborgen bleiben muss«, kam Sollis dem Fährtenleser zuvor. »Mit Eurer Hilfe, für die der Glaube Euch auf ewig dankbar sein wird.«

Jehrid war nie ein sonderlich eifriger Anhänger des Glaubens gewesen, aber er war damit aufgewachsen, und die zahllosen Gefahren des Soldatenlebens hatten ihn stets mit Überzeugung daran festhalten lassen. Außerdem war er Lord Al Modral mit seinem Wunsch nach Informationen verpflichtet. »Wisst Ihr, wie man hineinkommt?«, fragte er Lucin.

Da vermutlich Wachtposten aufgestellt waren, bestand Jehrid darauf, sich den Tunneln bei Dunkelheit zu Fuß zu nähern. Den Brüdern des sechsten Ordens, die sich beunruhigend leise und trittsicher fortbewegten, bereitete dies keine Schwierigkeiten, und ebenso wenig seinen eigenen Männern, die daran gewöhnt waren, im Dunkeln zu schleichen. Bruder Lucin und seine Schülerin hingegen hatten damit ihre liebe Mühe.

»Still!«, zischte Jehrid Schwester Cresia an, deren Fuß soeben in einem Kaninchenloch hängengeblieben war, was ihr ein leises Japsen entlockt hatte. Er sah ihre Augen in der Finsternis funkeln, als sie sich – zweifellos mit der Absicht, ihn anzublaffen – zu ihm umdrehte. Ein Ellbogenstoß von Bruder Lucin brachte sie jedoch zum Schweigen.

Jehrid hörte nun bereits den Wasserfall, ein gleichmäßiges Tosen, das durch das Unterholz herüberdrang. Der schmale, aber schnell strömende Fluss, der den Wasserfall speiste, gluckerte fünfzig Schritt links von ihnen. Er hätte sie auf direktem Weg zum Ziel gebracht, wurde jedoch bewacht. Es waren nur dunkle Schemen in der Finsternis. Klugerweise hatten sie kein Feuer angezündet, sondern sich mit dicker Kleidung gegen die Kälte geschützt. Sie waren zu viert, jeweils zwei auf beiden Seiten des Flusses. Sie trugen Armbrüste und schritten im Kreis, wobei sie darauf achteten, sich nie aus der Sichtweite des jeweils anderen zu entfernen.

»Leichte Ziele«, flüsterte Sollis neben Jehrid. Der Bruder hatte den Bogen bereits in der Hand und einen mit Möwenfedern befiederten Pfeil eingelegt.

»Wartet«, murmelte Jehrid, als Sollis sich umdrehte, um seinen Brüdern ein Zeichen zu geben. »Es gibt noch einen. Einen, der nicht zu sehen ist. Es wird der Jüngste sein, so klein, dass er sich leicht verstecken kann. Wenn Ihr die hier tötet, bläst er augenblicklich in sein Horn.«

Sollis' schmales Gesicht blieb ausdruckslos, doch zeugte ein leicht gereizter Ton von seiner Ungeduld. »Die Sache muss zu Ende gebracht werden«, sagte er. »So oder so.«

»Der Gefangene – wenn sie denn tatsächlich einen haben – wird sterben, wenn das Horn ertönt.«

»So oder so«, wiederholte Sollis knapp.

Er ist nicht hier, um den Gefangenen zu retten, wurde Jehrid klar. *Sondern um ihn zum Schweigen zu bringen.*

Er sah wieder zu den Wachtposten hinüber und musterte das Grasland der Umgebung. Sie befanden sich hier nicht in seinem üblichen Revier. Schmuggler und Strandräuber hielten sich normalerweise weiter im Osten auf, nahe der Hauptstraßen, die zu den Städten des Nordens führten. *Wo hätte er mich postiert?*, überlegte er und suchte mit dem Blick die finstere Gegend ab. *Der Wasserfall ist so laut, dass er jedes Geräusch schluckt. Er müsste mich in der Nähe haben …* Sein Blick blieb an einem kleinen Erdhaufen nahe des vom Spritzwasser feuchten Randes des Wasserfalls hängen. In der Dunkelheit hätte man ihn für einen Grasklumpen halten können, aber die Form stimmte nicht ganz, das Gras neigte sich nicht in Windrichtung. *Er wird unvorsichtig im Alter.*

Jehrid wandte sich seinem Gehilfen zu, nickte in Richtung der geladenen Armbrust in dessen Hand und winkte ihn zu sich. Als der Gehilfe bei ihm war, deutete er auf den Hügel. »Siehst du ihn?«

Der Gehilfe setzte die Armbrust an die Schulter und

legte die Wange an den Griff, einen Finger am Abzug. »Glasklar, Herr.«

»Er wird aufstehen, wenn die anderen zu Boden gehen. Verfehle ihn nicht.« Jehrid neigte seinen Kopf in Sollis' Richtung. »Ihr könnt loslegen, Bruder.«

Sollis hob eine Hand und bildete damit eine rasche Folge komplexer Zeichen, woraufhin sieben Brüder aufstanden und zum Rand des Wäldchens schlichen. Sie gingen gleichzeitig in die Hocke, legten Pfeile ein und zogen ihre Bögen aus, ohne dass das leiseste Rascheln oder Knirschen zu hören gewesen wäre. Der Ordenskommandant musste seinen Brüdern keine weiteren Anweisungen geben. Er zielte lediglich mit dem Bogen und schoss seinen Pfeil dem Wachtposten links außen in die Brust. Der Mann wurde im Fallen von einem zweiten Pfeil getroffen und verschwand ohne ein einziges Aufstöhnen im Gras. Sechs weitere Bogensehnen sirrten gleichzeitig, und die verbliebenen Wachtposten stürzten zu Boden. Im selben Moment schnellte eine schmale Gestalt von dem verräterischen Hügel hoch. Sie hielt ein langes Seemannshorn in der Hand und beugte den Rücken durch, um Luft zu holen. Die Armbrust von Jehrids Gehilfen klickte, und die schmale Gestalt zuckte zusammen und fiel um.

Jehrid sprang auf und sprintete auf den Wasserfall zu. Im Vorbeilaufen vergewisserte er sich, dass sich die Wachtposten tatsächlich nicht mehr rührten. Neben dem mit dem Horn blieb er kurz stehen. Sein Gesicht wirkte im Dunkeln bleich, die einst hübschen, jugendlichen Züge im Tod erschlafft und hässlich. Seine Augen und die glatte Stirn kamen Jehrid seltsam vertraut vor und weckten unliebsame Erinnerungen. *Er hat Tante Tildas Augen,* dachte Jehrid. *Eine gute Mutter hätte ihm das hier erspart.*

»Er war noch so jung«, flüsterte eine Stimme hinter ihm. Er drehte sich um und sah Schwester Cresia mit geweiteten Augen und blassem Gesicht neben der Leiche stehen. Sie hielt etwas in der rechten Hand, etwas Spitzes, das im spärlichen Licht funkelte. Als sie seinen Blick bemerkte, blinzelte sie und verbarg die Hand rasch in ihrem Umhang.

Jehrid ging in die Hocke und hob den schlaffen Arm des Jungen an. Als er den Ärmel zurückzog, kamen darunter zwei in die Haut tätowierte schwarze Kreise und drei senkrechte Striche zum Vorschein. »Zwei aufgebrachte Schiffe und drei getötete Gegner«, sagte er zu Cresia. »Jugend ist nicht gleichbedeutend mit Unschuld, Schwester. Nicht an dieser Küste.«

Bruder Lucin führte sie zu einem Einschnitt in der Klippe, wo schmale Stufen in den Stein gemeißelt waren. Wind und Wetter hatten sie so stark abgeschliffen, dass sie kaum noch zu erkennen waren. Der Abstieg zu dem Felsvorsprung darunter war kurz, aber nicht ungefährlich. Auf den feuchten Stufen konnte man in der Dunkelheit leicht ausrutschen. Zum Glück verlor niemand den Halt, was angesichts der tosenden Wellen unter ihnen zweifellos tödlich gewesen wäre. Sollis zog sein Schwert und ging voran, auf den Wasserfall zu, der sich wie ein Vorhang aus flüssigem Glas vor ihnen wölbte. Der Ordenskommandant hob eine Hand und bedeutete ihnen, stehenzubleiben. Er ging alleine weiter und verschwand in der Dunkelheit hinter dem Wasservorhang.

Kurz darauf ertönte leises Stahlklirren, und einen Moment später tauchte Sollis wieder auf und winkte sie vorwärts.

Hinter dem Wasserfall befand sich eine Grotte, die den verwitterten, aber noch deutlich erkennbaren Meißelspuren nach zu urteilen von Menschenhand geschaffen wurde. Sollis stand an der Rückwand der Einbuchtung und tastete mit der Hand den Felsen ab, als würde er nach etwas suchen. In der Nähe lag ein weiterer Wachtposten am Boden. Er hielt das Schwert noch in der Hand, während aus einer tiefen Halswunde Blut hervorströmte. Jehrid war beeindruckt, dass es dem Mann gelungen war, sein Schwert zu ziehen, bevor Sollis ihn niedergemacht hatte.

Lucin trat zu Sollis, betrachtete den Fels und fuhr mit den Fingern darüber. Schließlich knurrte er zufrieden und flüsterte Sollis etwas zu, das Jehrid gerade so verstehen konnte: »Von innen verschlossen.«

Der alte Bruder winkte Cresia zu sich und murmelte ihr etwas ins Ohr, das vom Tosen des Wasserfalls übertönt wurde. Das Mädchen nickte zögernd, ging dann zur Felswand und legte beide Hände auf den feuchten Stein. Cresia stand still da, das Gesicht angestrengt verzogen. So verharrte sie eine Weile, während den beiden Brüdern die Ungeduld anzumerken war. Schließlich stellte Lucin flüsternd eine Frage, wurde jedoch von der Schwester wütend zurechtgewiesen. Jehrid erwartete eine Ermahnung, aber der Bruder entfernte sich nur seufzend und bedeutete Sollis, ihm zu folgen.

»Unsere Schwester ist zwar noch jung«, sagte Lucin,

als er bei Jehrid angekommen war, »doch sie kennt sich mit den alten Legenden über diese Tunnel hervorragend aus. Der Eingang lässt sich nur durch Druck an einer ganz bestimmten Stelle öffnen. Sie wird sie sicher bald gefunden haben.«

Jehrid sah zu der jungen Frau hinüber, die nun wieder starr wie eine Statue dastand, die Hände fest auf den Fels gepresst. Plötzlich versteifte sie sich und lehnte sich näher an die Felswand. Ihre Augen waren geschlossen, und sie hatte den Kopf schief gelegt. In ihrem Gesicht zuckte es, dann trat sie zurück und lockerte ihre Finger. Ein drei Fuß breiter Abschnitt der Felswand schwang nach innen auf, und dahinter kam ein schmaler Gang zum Vorschein. Schwester Cresias Gesicht wirkte etwas bleicher als zuvor, doch ein triumphales Lächeln lag auf ihren Zügen, als sie sie mit einer Verbeugung zum Nähertreten aufforderte.

Der Gang war so schmal, dass sie nur einzeln hintereinander gehen konnten, und Sollis bestand darauf, die Vorhut zu übernehmen. Jehrid befahl seinen Männern, zurückzubleiben und den Eingang zu bewachen, bevor er Sollis folgte. Er hatte mit Einwänden gerechnet, doch der Ordenskommandant schenkte ihm nur einen flüchtigen Blick und lief dann mit gezogenem Schwert in den Gang hinein. Bruder Lucin und Schwester Cresia gingen hinter Jehrid. Er hatte vorgeschlagen, dass sie bei seinen Männern bleiben sollten, aber sie hatten mit einem Kopfschütteln abgelehnt. Ihre Mienen wirkten angespannt, doch nicht so furchtsam, wie man hätte vermuten können. Der Gang wurde von Fackeln schwach erleuchtet, die alle zwanzig Schritt an den Wänden befestigt waren und im Luftzug, der vom Eingang her kam, flackerten. Die Wände waren grob behauen und kaum geglättet. Wer immer diese Tunnel geschaffen hatte, war wenig kunstfertig vorgegangen.

Sollis schritt langsam voran und trat dabei leise auf, um keine verräterischen Echos zu erzeugen. Jehrid fiel auf, dass sich der Gang ganz leicht nach unten neigte und die Wände gerundet waren. Offenbar folgten sie einer Spirale, die tief in den Felsen hinabführte. Je weiter sie vordrangen, desto stärker rundeten sich die Wände. Da der Weg vor ihnen dadurch immer schlechter zu erkennen war, schlich Sollis an die Wand gedrückt seitwärts voran. Schließlich hielt er abrupt an. Stimmen waren zu hören – leise zwar, doch durch den Widerhall im Tunnel deutlich zu vernehmen. Sie gehörten zwei Männern, die sich offenbar stritten. Anfangs waren ihre Worte kaum zu verstehen, je weiter Sollis vorrückte, desto klarer wurden sie jedoch. Der Ordenskommandant bewegte sich nun geduckt vorwärts und hatte das Schwert umgedreht, sodass die Klinge auf seinem Rücken ruhte. Als sie nahe genug heran waren, um die Männer belauschen zu können, blieb Sollis erneut stehen und wandte sich Jehrid mit fragendem Blick zu.

Jehrids Hand war feucht von Schweiß, und die Knöchel seiner Finger am Schwertgriff traten weiß hervor. Es waren die Stimmen zweier älterer Männer, von denen er eine sofort erkannte, obwohl er sie jahrelang nicht mehr vernommen hatte.

»… redest von Versprechungen«, sagte der Mann im breiten Akzent des Küstenvolkes. Seine Stimme war wohltönend, aber von leichtem Spott gefärbt. »Auch mir wurden Versprechungen gemacht. Gold und Edelsteine. Stattdessen haben wir nur Gewürze und Seide erbeutet. Auch das bringt natürlich Gewinn. Aber nicht genug, um sich dafür mit dem Lord Collector anzulegen.«

»Du sollst dein Gold erhalten«, erwiderte die andere Stimme. Sie war weitgehend ausdruckslos, sprach jedoch mit einem merkwürdigen Akzent, der renfaelisch klang, sich aber mit der harschen Aussprache eines volarianischen Seemanns mischte. »Wenn du mir gegeben hast, weswegen ich hier bin. Und vergiss nicht, ohne mich hättest du kein Schiffswrack zum Plündern gehabt.«

Jehrid runzelte überrascht die Stirn, als der andere Mann schwieg. *Seit wann ist er um eine Antwort verlegen?*

Nach einer Weile meldete sich die erste Stimme erneut zu Wort. Diesmal machte es den Eindruck, als würde der Mann Unbehagen hinter wütendem Trotz verbergen. »Wir haben genug geredet. Sie ist mein. Und sie bleibt so lange mein, bis du bezahlt hast.«

Ein Rasseln war zu hören, das Jehrid nicht gleich als Lachen erkannte. »Wofür hältst du dich eigentlich, du kleiner Schmuggler?«, fragte der zweite Mann, als er sich wieder beruhigt hatte. »Was glaubst du, was du hier zu melden hast? Du bist nur eine Made, die sich von Leichen ernährt, bevor sie von der Flut fortgeschwemmt wird. Du hast gesehen, wozu ich fähig bin. Gib mir die Frau, oder ich werde es dir noch einmal vorführen.«

Einen Moment lang herrschte eisiges Schweigen. *Jetzt wird Blut fließen,* dachte Jehrid. Die Beleidigung und die Herausforderung konnten nicht unbeantwortet bleiben. Jehrid sah förmlich vor sich, wie der Mann mit wütender Miene dastand, eine Hand am Griff seines Dolches, in der anderen eine Keule. »Der Tanz von Klinge und Knüppel«, hatte er es genannt – der traditionelle Kampfstil der Schmuggler. Jeden Moment würde Chaos ausbrechen. Der ideale Zeitpunkt, um anzugreifen. Jehrid schob sich näher an Sollis heran und machte sich bereit.

Umso erstaunter war er, als er den ersten Mann in die Stille hinein sagen hörte: »Bringt sie her.«

Er hat Angst. Jehrid musste ein belustigtes Aufkeuchen unterdrücken. *Er hat tatsächlich Angst.*

Schritte hallten durch den Tunnel, dann herrschte für eine Weile Stille, bis sie wiederkehrten. »Ah«, sagte die zweite Stimme, in der nun eine gespannte Vorfreude lag. »Ich hatte sie mir … älter vorgestellt.«

»Sie trug das Amulett, das du beschrieben hast«, sagte die erste Stimme barsch. »So ein wertloses Ding.«

»Zeig es mir.« Wieder Stille, dann ein zufriedenes Lachen. »Wertlos für dich vielleicht, aber nicht für sie.« Der Mann wechselte ins Alpiranische, das er zwar nur stockend und mit starkem Akzent sprach, für Jehrid aber trotzdem gut verständlich. »*Hab ich nicht recht, meine Teuerste? Es war bestimmt nicht leicht, sich in deinem Alter Rhevenas Träne zu verdienen. Die meisten schaffen das erst, wenn sie schon mit einem Bein im Grab stehen. Ist deine Gabe so machtvoll? Wohl eher nicht, da du dich aus der Gewalt dieses Abschaums nicht befreien konntest.*«

Eine weibliche Stimme war zu hören, zitternd, aber trotzig. Ihr kultivierter Akzent stand in starkem Gegensatz zur rauhen Aussprache des Mannes. »*Befrei mich, und ich werde sie dir gerne vorführen.*«

»Spar dir die Mühe, Verehrteste. Ich werde es schon bald selbst herausfinden.« Eine Klinge wurde gezogen, und der Mann wechselte wieder in die Sprache der Vereinigten Königslande. »Haltet sie fest.«

Bruder Lucin bewegte sich eilig vorwärts. Seine Schritte hallten laut im Gang wider, und seine bleiche Miene wirkte zutiefst besorgt. »Er wird es tun!«, zischte er Sollis zu. »Wir müssen handeln.«

Hinter der Biegung des Ganges ertönte ein fragender Ruf; Lucins Schritte waren offenbar nicht ungehört geblieben. Sollis richtete sich auf, nahm sein Schwert vom Rücken und sah Jehrid an. »Befreit die Frau und bringt sie hier raus. Überlasst die anderen uns.«

Dann verschwand er mit wirbelndem blauem Umhang um die Gangbiegung. Jehrid rannte ihm hinterher. Das Poltern der Stiefel von Sollis' Brüdern klang wie Donnergrollen im Tunnel. Hinter der Gangbiegung befand sich eine große Kammer, die beinahe zwanzig Schritt im Durchmesser maß. An den Wänden waren Schlafkojen aufgereiht, und zahlreiche Seitentunnel führten in verschiedene Richtungen. In der Mitte der Kammer standen drei Gestalten – eine etwa dreißigjährige Frau mit olivfarbener Haut, deren Arme auf dem Rücken gefesselt waren, und zwei Männer. Der Mann zur Rechten war in mittlerem Alter und machte einen ungepflegten Eindruck. Sein drahtiger Körper steckte in zerschlissener Kleidung.

Der Mann zur Linken war es jedoch, der Jehrids Blick auf sich zog. Natürlich war er älter. Haar, das früher dick und schwarz gewesen war, wurde inzwischen grau und schütter. Sein Gesicht war glattrasiert und von Falten durchzogen, doch war er noch so großgewachsen, wie Jehrid ihn in Erinnerung hatte, und an seinem Bauch zeigte sich keine einzige Speckfalte. Wie erwartet war er mit einem Dolch und einer Keule bewaffnet. Er hatte Kampfhaltung eingenommen, und seine Lippen waren zu einem Knurren verzogen, aber seine Züge glätteten sich, als er Jehrid bemerkte.

»Cohran Bera!«, rief Jehrid, während er in die Kammer stürmte. »Stelle dich der Justiz des Kö-«

Er duckte sich, als aus den Schatten links von ihm einer der Roten Brecher hervorgesprungen kam. Etwas Scharfes durchschnitt die Luft direkt über Jehrids Kopf. Zur Rechten tauchte ein weiterer Brecher auf und ging mit erhobener Axt auf Sollis los. Einen Herzschlag später stürzte er zu Boden, von der Klinge des Bruders in die Kehle getroffen. Der Brecher vor Jehrid war eindeutig traditionell eingestellt – er trug Hackmesser und Keule und schlug damit nach Jehrids Kopf und Beinen. Jehrid sprang zur Seite, um den Schlägen auszuweichen, und schwang sein Schwert gegen die Beine des Brechers, bevor dieser erneut ausholen konnte. Die Klinge durchtrennte die Kniesehne seines Gegners, doch dieser ließ sich so schnell nicht unterkriegen. Mit einem schmerzerfüllten Aufschrei stürzte er sich erneut auf Jehrid, bevor der ihm die Schwertspitze in die Brust rammte.

Jehrid wirbelte herum und ging mit erhobenem Schwert auf Cohran Bera zu, der ihm von der Mitte der Kammer her entgegensah. »Du bist ziemlich gewachsen«, knurrte Bera leise. Dann drehte er sich um und stieß einen schrillen Pfiff aus. Nur einen Atemzug später war Stiefelpoltern zu hören, und ein Dutzend oder mehr Brecher kamen aus den Seitentunneln in die Kammer gestürmt, alle bewaffnet. Vier von ihnen gingen augenblicklich zu Boden, als sie von den im Fackellicht funkelnden Wurfmessern der Brüder getroffen wurden. Denjenigen, die nahe genug herankamen, um anzugreifen, erging es kaum besser. Die meisten waren nach nur wenigen Schwerthieben erledigt. Ihr Anführer nutzte jedoch das allgemeine Durcheinander, um, gefolgt von drei Überlebenden, zum nächstbesten Tunnel zu rennen.

Jehrid brüllte seine Enttäuschung heraus. Ein vertrauter roter Schleier legte sich über seinen Blick, als er vorwärtsstürmte. Ein Aufschrei der Frau ließ ihn jedoch innehalten. Er drehte sich um und stellte fest, dass der Drahtige die Frau an den Haaren gepackt hatte und ihr einen Dolch mit dünner Klinge an den Hals hielt. Jehrid fing einen letzten Blick Cohran Beras auf, der merkwürdig traurig und frei von Hass wirkte, bevor dieser in der Dunkelheit verschwand.

»O nein!«, bellte der Drahtige an Sollis gewandt, der mit seinen Brüdern das Paar einkreiste. Er riss an den Haaren der Frau und drückte ihr die Klinge noch fester an den Hals. »Überlegt euch, was ihr tut.«

Sollis gebot den Brüdern mit einer Geste stehenzubleiben und trat mit gesenktem Schwert einen Schritt vor. Jehrid bemerkte eine kaum wahrnehmbare Bewegung von Sollis' freier Hand, als dieser etwas auffing, das aus seinem Ärmel glitt. »Lass sie frei«, befahl Sollis in ausdruckslosem Tonfall, »wenn dir dein Leben etwas bedeutet.«

Der Drahtige lachte nur rasselnd. Erstaunlicherweise klang sein Lachen aufrichtig fröhlich, und seine Miene wirkte nicht im mindesten feindselig. Er schien das alles für einen lustigen Schabernack zu halten. »Frag ihn«, sagte der Drahtige und nickte in Richtung Bruder Lucins, der soeben mit Schwester Cresia aus dem Gang trat, »wie viel seinem Orden ein Menschenleben bedeutet. Haben sie euch vor dem gewarnt, was ihr hier vorfinden würdet? Wahrscheinlich nicht.«

Es war Bruder Lucin, der antwortete. »Tötet ihn«, sagte er mit kalter, befehlsgewohnter Stimme, während er den Drahtigen mit grimmiger Miene musterte.

»Bruder …« Jehrid machte einen Schritt auf Sollis zu, doch dieser hatte sich bereits in Bewegung gesetzt. Etwas Kleines, Metallisches flog blitzschnell aus seiner linken Hand. Jehrid schrie auf. Wenn der Drahtige starb, verkrampfte sich womöglich sein Arm, was für seine Geisel schlimme Folgen haben könnte. Sollis hatte sein Ziel jedoch klug gewählt. Das Wurfmesser bohrte sich bis zum Griff in das Handgelenk des Drahtigen, dem daraufhin der Dolch aus der Hand fiel. Die Frau warf sich herum, befreite sich aus seinem Griff und stürzte zu Boden. Jehrid lief rasch zu ihr, das Schwert auf den Geiselnehmer gerichtet, der auf die Knie gefallen war.

Einen Moment lang sah der Mann Jehrid mit schmerz- und wutverzerrter Miene an, doch dann blickte er auf das Wurfmesser in seinem Handgelenk und stieß erneut ein Lachen aus.

»Tötet ihn, Bruder«, schrie Lucin, diesmal mit schriller, angsterfüllter Stimme.

Mit erhobenem Schwert ging Sollis auf den Drahtigen zu, geriet jedoch ins Stolpern, als mit einem Mal der Felsboden zu beben begann.

»Ihr setzt zu viel Vertrauen in diese verblendeten Mystiker, Meister«, sagte der Drahtige, dem nun Blut aus der Nase floss. »Viel zu viel …«

Ein lautes Donnern erschütterte den Felsen, und im Boden der Kammer bildete sich ein gezackter Riss. Jehrid sah, wie Lucin Schwester Cresia am Arm packte und sie in den Gang zurückzog. Dann erzitterte die Kammer ein weiteres Mal, und überall auf dem Boden breiteten sich Risse aus. Felssplitter spritzten hervor und brachten die Brüder des sechsten Ordens ins Schwanken. Der Drahtige lag auf dem bebenden Boden und krümmte sich vor Lachen, während ihm Blut aus Mund und Augen lief. Sollis stürmte auf ihn zu, um ihm das erhobene Schwert in den Hals zu hacken … doch dann explodierte der Boden der Kammer, und pulverisiertes Felsgestein flog in alle Richtungen.

Jehrid schaffte es noch, nach der Frau zu greifen, bevor der Fels unter ihnen nachgab. Luft rauschte an seinen Ohren vorbei, während sie nach unten stürzten, in die Dunkelheit hinein.

Er war wieder am Hafen – sein einziger, stets wiederkehrender Traum. Es war immer dasselbe. Derselbe Anlegesteg, dieselbe Tageszeit kurz vor Einbruch der Dämmerung. Alles wirkte äußerst lebensecht, wiewohl die Erinnerung über zwanzig Jahre alt war.

Er kauerte hinter einer Wand aus aufgetürmten Fässern in einer stillen Ecke des Hafens von Südturm und linste zum Ende des Anlegestegs hinüber. Dort befanden sich einige Leute, die in der Dämmerung nur als vage Schemen zu erkennen waren. Vier von ihnen standen und einer kniete. Die kniende Gestalt war gefesselt und trug einen Sack über dem Kopf. Jehrid wusste jedoch, wessen Gesicht sich unter dem Sack verbarg. Er kannte die Frau, die mit hängendem Kopf dort kauerte und stumm ihr Schicksal erwartete. Und er kannte auch den Namen des Mannes, der nun mit einem Messer in der Hand an ihre Seite trat.

Er wandte sich ab, denn er wusste, was als Nächstes geschehen würde. Übelkeit stieg in ihm auf, während er durch die Straßen davonwankte, und er musste sich auf die Pflastersteine übergeben. Seine verräterischen Ohren vernahmen das Geräusch eines Leibes, der ins Hafenwasser geworfen wurde. Das Platschen hallte laut durch die feuchtkalte Luft. Er rannte durch die Straßen und das Stadttor, auf die Felder, die sich dahinter erstreckten. Blind von Tränen rannte er, bis ihm die Lungen brannten und die Beine unter ihm nachgaben. Den Rest der Nacht blieb er auf den Feldern liegen. Als schließlich die Sonne aufging und ihn mit ihrer Wärme weckte, stand er auf und wandte sich nach Norden. Die Straße war lang, und Hunger und Gefahr wurden auf seiner Reise durch das wilde Land seine ständigen Begleiter. Irgendwann langte dann ein ausgemergelter, zerlumpter Junge in Varinsburg an und bewarb sich beim königlichen Heer.

»Du musst deinen echten Namen nennen, Junge«, sagte der Feldwebel zu ihm, die Schreibfeder über dem Pergament erhoben. Mit einem etwas boshaften Grinsen fügte er hinzu: »König Janus will nur ehrliche Soldaten …«

Als er erwachte, schmeckte er Blut. Der Geschmack nach Eisen und Salz auf seiner Zunge verursachte ihm Brechreiz. Seine Augenlider waren schwer wie Blei, und er konnte außer ein paar herabgestürzten Felsbrocken in seiner Nähe kaum etwas erkennen. Das Geräusch, das an seine Ohren drang, hielt ihn jedoch bei Bewusstsein: das anhaltende, gedämpfte Tosen gischtenden Wassers.

»Ich bin also doch nicht allein«, sagte eine weibliche Stimme unweit von ihm auf Alpiranisch.

Es dauerte einen Moment, bis er die Frau entdeckt hatte, die in der Dunkelheit auf den Knien kauerte. Ihre Arme waren immer noch gefesselt, und in ihren Augen hinter dem Vorhang aus feuchten Haarsträhnen, der ihr Gesicht verdeckte, funkelte Licht.

Jehrid spuckte das Blut aus, das sich in seinem Mund gesammelt hatte. Mit der Zunge tastete er die Innenseiten seiner Wangen ab und entdeckte eine Bissspur, die seine Zähne dort hinterlassen hatten. *»Ganz recht, edle Dame«*, sagte er in gebrochenem Alpiranisch.

Offensichtlich überrascht richtete sie sich auf und wechselte in die Sprache der Vereinigten Königslande, die sie so fließend sprach, dass sein Alpiranisch dagegen reichlich dürftig wirkte. »Hättet Ihr die Güte?« Sie drehte sich um und hielt ihm ihre gefesselten Handgelenke hin.

Jehrid bemerkte, dass seine Hände leer waren. Sein Schwert musste er während des Sturzes verloren haben. Mit zitternden Händen machte er sich an den Fesseln der Frau zu schaffen und knurrte entnervt, als es ihm nicht gelang, sie zu lösen. Er zwang sich, tief durchzuatmen, um das Zittern zu unterdrücken, dessen Grund ihm nur allzu klar war. *Er hat gelacht. Er hat geblutet und gelacht … Dies ist sein Werk. Er hat die Kammer zum Einsturz gebracht.* Ein Rätsel, das nur eine zögerliche Schlussfolgerung zuließ: *Das Dunkle.*

Die Frau seufzte ungeduldig, und Jehrid murmelte eine Entschuldigung. Er robbte näher heran, um sich erneut die Fesseln vorzunehmen. Die Knoten waren fachmännisch geknüpft, und es dauerte eine Weile, bis er sie gelöst hatte. Die Frau stieß ein lautes Stöhnen aus, in dem sich Schmerz und Erleichterung mischten. Sie beugte sich vor und rieb sich fluchend die Handgelenke. Die Worte, die sie dabei sprach, waren ihm unbekannt, er hörte lediglich den Namen *Rhevena* heraus.

»Rhevenas Träne«, sagte er laut, als er sich an die Worte des Drahtigen erinnerte. »Die Göttin der Schattenwege, nicht wahr? Schutzherrin der Toten.«

Mit einem Mal wirkte die Frau argwöhnisch, und ihre Hand wanderte zu ihrem nackten Hals. »Ich dachte, Euer Volk macht sich nichts aus Göttern«, sagte sie.

»Wissen bedeutet nicht gleich Anbetung.« Jehrid beugte vorsichtig die Beine und vergewisserte sich, dass keine Knochen gebrochen oder Muskeln gerissen waren, wenngleich sie höllisch wehtaten. An den Händen hatte er mehrere schmerzende Kratzer. Er richtete sich auf und nahm seine Umgebung genauer in Augenschein. Sie befanden sich in einem schmalen Gang, dessen Wände noch grober behauen waren als der Tunnel hinter dem Wasserfall und feucht von ständig herablaufendem Wasser. Neben ihm türmte sich ein großer Haufen Schotter, der zweifellos vom eingebrochenen Boden der Kammer herrührte, aber offenbar seinen Sturz abgefangen hatte. Zur Rechten war der Gang komplett mit Felsgestein verschüttet, sodass er nur nach links hin offen war, wo in der Ferne ein blasses blaues Licht leuchtete.

»Könnt Ihr laufen?«, fragte er die Frau.

Sie nickte und kam auf die Beine, ohne seine ausgestreckte Hand zu beachten. »Was ist mit Euren Kameraden?«, fragte sie und blickte sich um.

Jehrid musterte die Wand aus Felsgestein, die den Gang versperrte, und sah dann in die Schwärze über ihnen hoch. *Wie tief sind wir gefallen?* »Ich bezweifle, dass wir sie wiedersehen werden«, sagte er.

Er ging voraus. Das trübe Licht wurde heller, je weiter sie den Gang entlangschritten, und das Tosen des Wassers lauter.

»Ihr wurdet tagelang hier festgehalten«, sagte Jehrid. »Kennt Ihr Euch in den Tunneln ein wenig aus?«

»Ich kenne nur den Weg von meiner Zelle zur Hauptkammer. Sie waren vorsichtig. Ich war stets gefesselt.«

Dass Cohran im Umgang mit der Frau solche Umsicht und Zurückhaltung an den Tag gelegt hatte, wunderte Jehrid. Strandräuber machten nur selten Gefangene, und diejenigen, die ihnen in die Hände fielen, erwartete kein angenehmes Schicksal. *»Seid Ihr denn so gefährlich, edle Dame?«*, fragte er auf Alpiranisch.

Mit gerunzelter Stirn schüttelte sie den Kopf und bedeutete ihm ungeduldig weiterzugehen.

»Der Mann dort oben in der Kammer«, bohrte Jehrid nach und sah ihr in die Augen. *»Er hat die Schmuggler dafür bezahlt, Euch zu entführen, nicht wahr? Er hat ihnen den Auftrag gegeben, das Schiff aufzubringen, mit dem Ihr unterwegs wart. Warum?«*

Wut und Furcht spiegelten sich in ihrem Gesicht, bevor sie sich wieder in der Gewalt hatte und ihn abschätzend musterte. »Habt Ihr Euer Alpiranisch von Eurem Vater gelernt?«, fragte sie in der Sprache der Vereinigten Königslande. »Ihr sprecht mit demselben Akzent wie er. Er erzählte mir, er sei in seiner Jugend zur See gefahren und hätte viele Häfen besucht und zahlreiche Sprachen gelernt. Ihr seht ihm sehr ähnlich. Er ist doch Euer Vater, oder nicht?«

Nun war es an Jehrid, die Wut zu unterdrücken, die in ihm aufsteigen wollte. »Nur dem Namen nach«, murmelte er und ging weiter.

»Und wie lautet Euer Name? Ihr habt ihn mir noch gar nicht genannt.«

»Jehrid Al Bera, Lord Collector. Zu Euren Diensten, meine Dame.«

»Lord Collector … Er hat von Euch gesprochen und gesagt, dass Ihr eines Tages kommen werdet. Der Gedanke schien ihn traurig zu machen. Jetzt begreife ich, warum.«

Jehrid verspürte den dringenden Wunsch, das Thema zu wechseln. »Und wie heißt Ihr, meine Dame?«

»Meriva Al Lebra.«

»Al Lebra ist ein asraelischer Name.«

»Mein Vater war ein Seemann aus Asrael, der seine Heimat verlassen musste, als er meine Mutter kennenlernte.«

»*Musste?*«

»Sie war Jungpriesterin im Rhevena-Tempel in Untesch. Als er um sie warb, musste er seinen Glauben … umstellen.«

»Er hat den Glauben aufgegeben? Für die Ehe?«

»Für die Liebe, Euer Lordschaft. Habt nicht auch Ihr schon einmal etwas vollkommen Unerhörtes für die Liebe getan?«

Ihre Stimme klang spöttisch, aber sanft genug, um jeden Zorn zu beschwichtigen.

»Der Hass ist mir stets ein besserer Ansporn gewesen.«

Bald schon weitete sich der Gang, und vor ihnen war ein trübes Leuchten zu sehen, während das Tosen des Wassers an Lautstärke zunahm. Ein paar Schritte weiter stießen sie auf eine Leiche – ein in einen Umhang gehülltes Bündel aus verdrehten Gliedmaßen. »Mögen die Ahnen Eurer Seele gnädig sein, Bruder«, murmelte Jehrid und ging in die Hocke, um das Gesicht des Toten zu betrachten. Er erkannte in ihm einen der Bogenschützen, welche die Wachtposten am Wasserfall ausgeschaltet hatten. Er war eindeutig tot; sein Gesicht war bleich und der Kopf in einem unmöglichen Winkel gegen die Schulter gedrückt. Irgendwie war es ihm dennoch gelungen, sein Schwert festzuhalten.

»Der sechste Orden«, sagte Meriva leise. Jehrid hörte Furcht in ihrer Stimme. »Ihr steht in seinen Diensten?«

»Ich stehe in den Diensten des Königs.« Er hob das Schwert an und hielt es in das spärliche Licht. *Eine Ordensklinge,* dachte er, als er das eigentümliche Muster im Stahl sah, das auf die geheime Schmiedekunst des Ordens zurückzuführen war. *Die stärksten und schärfsten Klingen des Reiches. Die werden sie mich sicher nicht behalten lassen.*

»Warum seid Ihr dann mit ihnen hier?«, erkundigte sich Meriva.

Jehrid beugte sich vor, um dem Bruder die Schwertscheide vom Rücken zu nehmen, was aufgrund des verdrehten Leibes nicht ganz leicht war. »Ich bin wegen der

Brecher hier«, knurrte er und drehte die Leiche auf den Rücken, um die Schnallen zu lösen. »Sie dagegen Euretwegen.«

Sie machte ein leises Geräusch, das halb Lachen und halb Stöhnen war. »Zweifellos, um mich zu retten.«

»In ihre Mission bin ich nicht eingeweiht.« Er bekam die Schwertscheide frei, schnallte sie sich um – an der Hüfte statt auf dem Rücken – und steckte die Klinge hinein. Dann richtete er sich auf und sah Meriva an, bis diese seinen Blick erwiderte. Ihre Augen waren zugekniffen und ihre Haltung wachsam, als sei sie bereit, jeden Moment zu fliehen. »Ich werde nicht zulassen, dass Euch etwas zustößt«, sagte er zu ihr. »Aber ich will die Wahrheit hören. Was wollen sie von Euch?«

Sie seufzte, und ihre Anspannung löste sich ein wenig, wenngleich ihr Blick argwöhnisch blieb. »Sie wollen die Nachricht hören, die ich zu übermitteln habe … oder mich zum Schweigen bringen.«

»Ihr habt eine Nachricht? Von wem?«

Sie schaute zu Boden und rang offenbar mit sich. Jehrid sah sie weiter an, ohne etwas zu sagen. Ein nützlicher Trick, wenn man es mit zurückhaltenden Informanten zu tun hatte. Schweigen brachte die Leute eher zum Reden als irgendwelche Drohungen. »Von den Göttern an die Gottlosen«, sagte sie schließlich und sah ihn wieder an. In ihrem Blick lag immer noch Furcht, aber der Trotz überwog. »Damit habe ich alles gesagt, was ich darüber sagen werde. Jetzt würde ich vorschlagen, dass wir weitergehen. Wenn Ihr nicht ewig hier stehen und mich angaffen wollt.«

Er hielt die einzige Waffe hoch, die er außer dem

Schwert an der Leiche des Bruders gefunden hatte – ein Jagdmesser aus gutem Stahl. »Wisst Ihr damit umzugehen?«

Sie zögerte einen Moment und griff dann entschlossen nach dem Messer. »Nein. Aber ich werde es zu nutzen wissen, wenn nötig.«

Zwanzig Schritt weiter ging der Tunnel in eine Höhle über, deren Decke in der Dunkelheit nicht zu erkennen war. Die Wände waren jedoch mit Lichtpunkten gesprenkelt, die jeder für sich kaum heller waren als ein brennendes Streichholz, zusammen aber die Szenerie vor ihnen hinreichend beleuchteten. Ein Wasserstrom ergoss sich aus der schwarzen Leere in eine breite Vertiefung in der Mitte der Höhle. Von dort floss das Wasser schäumend nach rechts ab, wo ein weiterer Gang abzweigte.

»Irgendwo muss es einen Riss geben«, grübelte Jehrid, während er die Kaskade betrachtete, »durch den das Flusswasser nach unten sickert, bevor es den Wasserfall erreicht.«

Meriva untersuchte unterdessen die Höhlenwände und fuhr mit den Fingern über einen der Lichtpunkte, der sich in dunklen Ranken auf der Felswand fortsetzte. »Eine Art Flechte«, sagte sie. »Wahrscheinlich nimmt sie die Feuchtigkeit auf und gibt dafür Licht ab.« Sie verstummte und fügte dann leise etwas auf Alpiranisch hinzu, das wie ein Katechismus klang: *»Der Göttin sei Dank für ihre Güte.«*

Jehrid wollte sich gerade den Gang zur Rechten genauer anschauen, der – wie er vermutete – zum Meer führte und deshalb einen Fluchtweg bieten mochte. Er blieb jedoch stehen, als Meriva ihn am Arm packte. Sie deutete auf etwas, das im Wasser schwamm – die schlaffe Gestalt eines Mannes, der einen blauen Umhang hinter sich herzog.

Jehrid stieg ins Wasser und watete zu der Gestalt. Als er sie umdrehte, kam ein schmales, von ergrauendem Haar umrahmtes Antlitz zum Vorschein. Sollis' Augen waren fest geschlossen, doch in seinem Gesicht zuckte es, als Jehrid ihn am Hemd packte und aus dem Wasser zog. *Er ist noch am Leben,* dachte er mit grimmiger Resignation. *Natürlich.*

Meriva half ihm, den Ordenskommandanten aus dem Wasser und von den feuchten Felsen wegzuschleppen. Sie legten ihn auf einem relativ trockenen Flecken ab, und Meriva befühlte seine Stirn. »Er ist stark unterkühlt«, sagte sie. Ihr Blick wanderte zu Sollis' rechtem Arm, dessen Handgelenk unnatürlich verdreht war. »Und das ist mit Sicherheit gebrochen.«

Jehrid nickte zustimmend, griff nach dem Unterarm des Bruders und drückte fest zu. Mit einem Aufschrei erwachte Sollis und versuchte den rechten Arm zu heben, um nach der leeren Schwertscheide auf seinem Rücken zu greifen. Vergeblich mühte er sich aufzustehen; seine von der Kälte tauben Beine gaben immer wieder unter ihm nach, und er sackte auf den Fels zurück.

»Schon gut«, sagte Meriva und warf Jehrid einen tadelnden Blick zu. Sie legte dem Bruder beruhigend eine Hand auf die Schulter. »Wir sind Freunde.«

Seid Euch da mal nicht so sicher, dachte Jehrid. Sollis jedoch schien begriffen zu haben. Sein Gesicht verzog sich vor Schmerzen, und ein berechnender Blick kehrte in seine Augen zurück.

»Was ist mit meinen Brüdern?«, fragte er und sah von Meriva zu Jehrid.

»Wir haben sonst keine Überlebenden gefunden«, erwiderte Jehrid.

Einen Moment lang schloss Sollis die Augen, seine Miene so starr wie der Fels hinter ihm. Als er die Lider wieder öffnete, lagen in seinem Blick weder Trauer noch Bedauern, nur feste Entschlossenheit. »Ich brauche hierfür eine Schlinge«, sagte er und klopfte auf den gebrochenen Arm.

Meriva riss einen Streifen vom Umhang des Bruders ab und fertigte daraus mit ein paar Knoten eine Schlinge. Sollis biss gegen den Schmerz die Zähne zusammen, als sie sie festzog. Sie halfen ihm hoch und gingen zu dem Tunnel am anderen Ende der Höhle. Jehrid blickte in die Dunkelheit jenseits des schäumenden Wassers, konnte jedoch keinen Felssims oder etwas derartiges erkennen, auf dem sie hätten entlanggehen können.

»Wir könnten einfach hineinspringen«, schlug Meriva vor. »Und darauf vertrauen, dass die Götter uns sicher hier herausführen.«

Sollis' stieß ein Knurren aus, das vielleicht auch ein Lachen war und ihm einen finsteren Blick von Meriva einhandelte. »Bisher haben sie uns am Leben erhalten«, sagte sie.

»Der Zufall hat uns am Leben erhalten«, erwiderte der Bruder. Sein Tonfall wurde jedoch sanfter, als er den Tunnel genauer betrachtete. »Allerdings sehe ich auch keine andere Möglichkeit.«

»Die Strömung ist zu schnell«, stellte Jehrid fest. »Und womöglich fließt das Wasser noch tiefer unter die Erde, bevor es das Meer erreicht. Wenn wir nicht zerschmettert werden, würden wir ertrinken. Und sollten wir es doch nach draußen schaffen, dann finden wir uns mitten in der Nacht in der Brandung bei den Schwertern wieder.«

Grübelnd blickte er sich in der Höhle um und entdeckte an ihrem anderen Ende einen dunklen Flecken, wo keine Leuchtflechten wuchsen. Er ging darauf zu, bis ihn die Dunkelheit gänzlich umfing. Vor sich sah er nichts als Leere, und seine ausgestreckten Hände stießen auf keinerlei Widerstand.

»Ich wünschte, wir hätten eine Fackel«, brummte er. »Oder auch nur eine Kerze. Ein bisschen Licht …«

Plötzlich wurde alles weiß. Der abrupte Wechsel ließ ihn zurücktaumeln. Er musste einen Schmerzensschrei unterdrücken und schirmte seine tränenden Augen ab. Blinzelnd richtete er den Blick nach vorn und stellte fest, dass der Weg vor ihm nun gut zu erkennen war. Ein sanftes Licht tanzte über den Fels, wie ein Sonnenstrahl, der von einer Linse eingefangen wurde. Im Licht wurde ein hoher, breiter Tunnel sichtbar, der von der Höhle abging. Jehrid suchte nach der Quelle des Lichtstrahls und sah Meriva mit ausgestrecktem Arm dastehen. Das Licht strömte aus ihrer Hand hervor, die sie wie eine Speerspitze vor sich hielt.

Das Dunkle, dachte er, und ihm blieb der Mund offen stehen. *Befrei mich, und ich werde sie dir gerne vorführen … Licht, geboren aus Dunkelheit … Das ist nicht möglich.*

Er sah zu Bruder Sollis hinüber, der weniger erschüttert wirkte, als ein Diener des Glaubens es eigentlich hätte sein müssen. In seinem Gesicht stand Überraschung, aber auch Akzeptanz. *Vielleicht wusste er ja doch, was er hier vorfinden würde.*

Mit ausgestrecktem Arm kam Meriva auf Jehrid zu. Der Lichtstrahl hüpfte beim Gehen auf und ab. Ihre Miene wirkte ungeduldig. Ohne ihn anzusehen, nickte sie in Richtung des Tunnels. »Ich kann das nicht ewig machen.«

Meriva ging ein paar Schritte vor ihnen, ihre schmale Silhouette wurde von dem Licht eingerahmt, das sie erzeugte. Es gab keine Hitze ab und wirkte auch sonst nicht weiter bedrohlich, und doch merkte Jehrid, dass er unwillkürlich Abstand zu ihr hielt.

In der Seele eines Gläubigen hat das Dunkle keinen Platz, wiederholte er in Gedanken einen Satz aus der Predigt eines Missionars des zweiten Ordens, zu der seine Mutter ihn einmal geschleppt hatte. *Durch das Dunkle, wie es die Leugner praktizieren, die sich in unserer Mitte verbergen, ist einst die Rote Hand über uns gekommen. Vergesst das nie und seid stets wachsam. Aus dem Dunklen kann nur Böses erwachsen.*

In ihr ist nichts Böses, dachte er, während er Meriva betrachtete, die vor ihm lief. Ihr wundersames Licht tanzte über die zerklüftete Decke des Ganges. *Kann man solchen wie ihm also überhaupt glauben?* Sein Blick ging zu Sollis' gebückter Gestalt.

Mit einem Mal blieb Meriva stehen. Ihre Schultern sackten nach unten, und ihr Licht flackerte, während sie sich mühte, den Strahl aufrechtzuerhalten. »Da ist etwas«, flüsterte sie angestrengt. Jehrid ging zu ihr und entdeckte im schwächer werdenden Licht einen kleinen Haufen vor ihnen. Einen Haufen, der funkelte.

Seufzend senkte Meriva die Hand, und ihr Lichtstrahl erstarb. Dunkelheit senkte sich herab, wenngleich der Haufen weiter sichtbar blieb, beleuchtet vom orangefarbenen Glühen mehrerer Fackeln.

»Gebt dem Bruder Euer Messer«, sagte Jehrid zu ihr, trat vor und zog die Ordensklinge. »Und bleibt hinter uns.«

Als er sie ansah, bemerkte er, wie erschöpft sie war. Blut tröpfelte aus ihren Augen. Einen Moment lang erwiderte sie seinen Blick, dann blinzelte sie und wischte sich die roten Tränen ab.

»Tut es weh?«, fragte er sie.

Sie lächelte schwach. »Es … ermüdet mich.«

»Wir verschwenden Zeit«, knurrte Sollis, nahm Meriva das Messer ab und ging weiter.

Sie hielten sich dicht an der Tunnelwand, wenngleich Merivas Licht sie zweifellos bereits verraten hatte. Im Schein der Fackeln wurde eine weitere Kammer sichtbar, ebenfalls von Menschenhand geschaffen. Der Boden war glatt, und die Wände waren abgerundet. In der Mitte des kreisförmigen Hohlraums befand sich ein kleiner Berg aus glänzendem Metall, der um eine hohe Steinsäule herum aufgehäuft war. Als sie näher kamen, konnten sie aufgestapeltes Silbergeschirr erkennen, Bronzefiguren und Geschmeide und hie und da das verräterische Leuchten von Blaustein, alles durchwirkt von Ketten aus Gold und Silber, die wie Spinnfäden glänzten.

»Gold und Juwelen«, sagte Meriva, nahm eine Halskette vom Haufen und hielt sie hoch ins Licht. Es war eine Goldkette mit drei Rubinen. »Und er war immer noch nicht zufrieden.«

»Er ist stets ein Geizkragen gewesen«, erwiderte Jehrid. »Und welcher Geizkragen ist schon jemals zufrieden?«

Doch waren es nicht die Reichtümer, die Jehrids Blick auf sich zogen, sondern die siebenseitige Steinsäule in der Mitte der Kammer. Sie war etwa zwölf Fuß hoch und über und über mit Schriftzeichen bedeckt. Jehrid hatte frühzeitig Lesen und Schreiben gelernt und konnte mit etwas Mühe sogar Alpiranisch entziffern, die Schriftzeichen auf der Säule waren ihm jedoch gänzlich unbekannt. Zudem entdeckte er noch etwas, das ihm zu denken gab. An der Spitze der Säule waren an allen sieben Seiten Wappen eingeritzt. Jehrid umrundete die Säule und stellte fest, dass die Wappen sich unterschieden: eine Flamme, eine strahlende Sonne, ein Buch mit einer Schreibfeder, ein Auge, eine offene Hand … Beim Anblick des sechsten Symbols blieb er stehen – es war eine Gestalt mit einem Schwert in der Hand, die anstelle von Augen nur tiefe Löcher besaß. *Ein blinder Krieger. Wie der auf dem Tor zum Haus des sechsten Ordens und auf den Medaillons, die die Brüder am Hals tragen.*

»Die Orden besitzen also tatsächlich auch Baumeister«, sagte Jehrid an Sollis gewandt.

Der Bruder erwiderte nichts und seine Haltung und Miene blieben ungerührt, doch fiel Jehrid auf, dass er das Messer aus der Scheide gezogen hatte. »Es gibt sechs Orden«, sprach Jehrid weiter und ging zum letzten Symbol – eine Schlange und ein Kelch. »Diese Säule hat jedoch sieben Seiten.«

Sollis erwiderte seinen Blick, schwieg aber immer noch.

»Die Worte hier …« Jehrid nickte auf die Schriftzeichen an der Säule. »Was für eine Sprache ist das? Was bedeuten sie?«

»Es ist Alt-Volarianisch«, sagte Meriva, »die Sprache der ersten Gläubigen, die in dieses Land kamen.«

»Könnt Ihr sie lesen?«, fragte er und behielt dabei Sollis im Auge.

»Es ist Jahre her, seit ich mich das letzte Mal damit befasst habe.« Meriva stellte einen Fuß auf den Schatzhaufen, worauf einiges an Geschmeide zu Boden rutschte, und beugte sich vor, um die Schriftzeichen genauer zu betrachten. »Die Kalligrafie ist mir unbekannt, und es handelt sich um einen merkwürdigen Dialekt. Archaischer als alle Formen, mit denen ich bisher zu tun hatte. Aber ich glaube …« Nachdenklich hielt sie inne, während Sollis und Jehrid einander weiterhin beäugten.

»Es ist eine Art Schilderung«, sagte Meriva schließlich. Metall klirrte, als sie das Gewicht verlagerte, um weiterzulesen. »Auch wenn ich nicht weiß, auf welches geschichtliche Ereignis hier Bezug genommen wird, und vieles auch einfach keinen Sinn ergibt.«

»Lest bitte vor, was Ihr entziffern könnt«, sagte Jehrid.

»›Heere treffen unter einer Wüstensonne aufeinander … Blut fließt in Strömen, auf eine Lüge hin vergossen … Der Wartende stellt sich dem Lied des Hoffnungstöters …‹«

»Halt!«, befahl Sollis mit ausdrucksloser Stimme. Er hatte sich so gedreht, dass sein gesunder Arm in Jehrids Richtung deutete. In der Hand hielt er das Messer.

»Edle Dame«, sagte Jehrid, während er zurückwich und das Schwert auf den Bruder richtete. »Tretet bitte hinter mich.«

Meriva zögerte einen Moment, bevor sie von dem Haufen sprang – wobei noch mehr Schmuck zu Boden fiel – und seiner Aufforderung folgte.

»Etwas, das verborgen bleiben muss«, sagte Jehrid. »Aber um welchen Preis, hm, Bruder?«

Sollis antwortete nicht, sondern kam auf Jehrid zu, der sich mühte, nicht an den Kampf mit den Lonakern vor vielen Jahren zu denken, dessen Zeuge er geworden war. *Schwert gegen Messer,* versuchte er, sich Mut zuzusprechen, obwohl er wusste, dass es töricht war. *Und er ist verletzt.* Die Erinnerung ließ sich dennoch nicht abschütteln. Er wich weiter vor Sollis zurück.

»Was bedeuten diese Worte?«, fragte er, um Zeit zu schinden. »Was ist das hier für ein Ort?«

»Es ist mein Zuhause«, hallte in diesem Moment eine tiefe, wohltönende Stimme durch die Kammer. »Und ihr seid hier nicht willkommen.«

Cohran Bera befand sich etwa zwanzig Schritt von ihnen entfernt, in einer Hand hielt er seine Keule und in der anderen ein Messer mit langer Klinge. Zwei Brecher standen links und rechts neben ihm – möglicherweise die letzten Überlebenden seiner furchterregenden Bande. Die Männer waren mit Armbrüsten bewaffnet. Jehrid wirbelte zu Cohran herum und schob Meriva hinter sich. Er war sich Sollis' Nähe noch immer bewusst, doch schien dies im Augenblick die größere Bedrohung zu sein.

»Fünfzehn deiner Vettern sind heute gestorben«, sagte Cohran zu ihm. »Du bringst den sechsten Orden an meine Haustür und zerstörst, was ich ein Leben lang aufgebaut habe. Hast du nichts dazu zu sagen, mein Sohn?«

»Fünfzehn waren nicht genug«, erwiderte Jehrid und spürte ein vertrautes Gefühl in sich aufsteigen, dem nachzugeben äußerst unklug wäre. *Die Schemen am Ende des Anlegestegs, das Geräusch eines Leibes, der ins Hafenwasser fiel …* »Und du sollst mich nicht so nennen.«

»Von mir aus leugne deine Herkunft, *Lordschaft.*« Cohran verzog das Gesicht, als er den Titel aussprach, wie ein Gläubiger, der ein ketzerisches Wort in den Mund nahm. »Aber wenn ich dich anschaue, sehe ich immer noch das verzogene Gör vor mir, dass ich ständig aus irgendwelchen Faustkämpfen am Hafen retten musste. Der König hat mit dir eine gute Wahl getroffen – ein Mann, der gerne tötet und es Gerechtigkeit nennt.«

»Im Gegensatz zu einem Mann, der Unschuldige umbringt, um Reichtümer anzuhäufen, die er nie ausgeben wird.«

»Reichtümer?« Cohrans Stimme wurde sanfter, als sein Blick zu dem Haufen geplünderter Schätze wanderte. »Nein. Macht, mein Junge. Genug Macht, um mir die Gunst des Königs zu erkaufen. Er hat es mir versprochen, weißt du. Damals, als noch die Kriege tobten und er sein Reich errichtete. ›Die Soldaten brauchen Sold‹, sagte er. ›Bring mir Gold, und ich werde keine Kopfgeldjäger mehr nach dir ausschicken. Wenn du mir genug bringst, mache ich dich eines Tages vielleicht sogar zum Adligen.‹ Und als er sein Reich geschaffen hatte und die Soldaten mit den Reichtümern bezahlt waren, die an dieser Küste erbeutet wurden, was hat er da getan? Zwanzig Jahre lang ließ er den Turmherrn leere Versprechungen machen, bis er irgendwann dich schickte.«

Lügner! Der Vorwurf blieb Jehrid jedoch im Hals stecken, als ihm einige Dinge klar wurden. Die lange Amtszeit des korrupten Al Serahl, der eigentlich schon viel früher hätte abgesetzt werden müssen. Die Schmuggler und Strandräuber, die jahrelang von der Südgarde unbehelligt blieben, während man im Norden schon für das geringste Vergehen hingerichtet wurde. *Der König hat an dieser Küste ein Darlehen aufgenommen,* erkannte Jehrid. *Und ich soll es für ihn begleichen.*

»Es muss nicht dazu kommen, mein Junge«, fuhr Cohran fort und nickte in Sollis' Richtung. »Wenn du den dort erledigst, gibt es sonst keine weiteren Zeugen, die deine Geschichte in Frage stellen könnten.« Er drehte sich um und deutete auf eine grob in den Stein gehauene Treppe, die an der Kammerwand hinauf zu einem höher gelegenen Felsvorsprung führte.

»Es ist ein steiler und beschwerlicher Pfad«, sagte Cohran, »aber er wird dich hier hinausführen. Behalt die Frau, wenn du willst. Sie wird sicher den Mund halten. Ihr habt Eure eigenen Geheimnisse, nicht wahr, meine Teuerste?«

Meriva trat an Jehrids Seite, das Gesicht wütend verzogen. »Ja«, sagte sie. »Ich habe Geheimnisse. Aber dieses hier will ich gern mit dir teilen.«

Ihr Arm schnellte vor, die Hand wieder wie eine Speerspitze geformt. Jehrid schloss die Augen, als das Licht daraus hervorschoss. Gellende Schreie waren zu hören. Als er die Lider wieder öffnete, sah er den Mann rechts von Cohran auf die Knie fallen und sich die Augen zuhalten, während er spitze Schreie der Panik und des Schmerzes ausstieß. Seine Armbrust lag vor ihm am Boden. Der Brecher zur Linken musterte seinen Vetter kurz und richtete dann die Armbrust reflexartig auf Meriva.

In diesem Moment krümmte sich Bruder Sollis, und das Messer flog wie ein Pfeil aus seiner Hand und bohrte sich bis zum Griff in den Schädel des Brechers. Einen Herzschlag lang blieb der Mann noch aufrecht stehen und stammelte mit verwirrter Miene unverständliches Zeug. Bevor er zusammenbrach, gelang es ihm, die Verriegelung seiner Armbrust zu lösen. Der Bolzen verfehlte Sollis jedoch um einen ganzen Fuß, prallte von der Steinsäule ab und schlidderte in die Dunkelheit davon.

Das alles nahm Jehrid wahr, während er auf Cohran zusprintete. Dem Anführer der Brecher tränten die Augen, und er schüttelte blinzelnd den Kopf. Sein Kämpferinstinkt warnte ihn aber dennoch vor dem Schlag, den Jehrid gegen seinen Kopf führte. Er duckte sich und wirbelte knurrend zu Jehrid herum. Keule und Messer pfiffen durch die Luft – ein großgewachsener Mann mittleren Alters, der sich mit der Anmut und Schnelligkeit eines jungen Tänzers bewegte. Jehrid parierte den Messerstoß und duckte sich unter der Keule hindurch. Noch im selben Moment wusste er, dass Cohran verloren war. Er war ein Mörder und Kämpfer, vielleicht der tödlichste, den diese Küste je gesehen hatte, aber er war kein Soldat. Er hatte sich nie einem Trupp angreifender Lonaker entgegengestellt oder mit der Mannschaft eines meldeneischen Schiffes gerungen. Er hatte stets nur für Rang und Geld gekämpft, nicht ums nackte Überleben. Er war nie in einer Schlacht gewesen – bis jetzt.

Jehrid sah Cohrans nächsten Angriff mit einer Leichtigkeit voraus, dass es beinahe lachhaft war. Das Messer schlug nach seinem Schwertarm, während die Keule nach oben auf sein Kinn zielte. Der Versuch, ihn zu betäuben und zu entwaffnen, nicht, ihn zu töten. Jehrid sprang hoch und trat zu, bevor ihn Messer oder Keule erwischen konnten. Seine Stiefelspitze traf Cohran im Gesicht, dessen Nase und Vorderzähne unter dem Aufprall brachen. Cohran taumelte rückwärts, um sich Raum für einen Gegenangriff zu schaffen. Mit einem raschen Streich seines erbeuteten Schwerts schlug Jehrid ihm das Messer aus der Hand. Dann trat er Cohran in den Bauch, der sich daraufhin nach vorne krümmte. Noch einmal versuchte Cohran, Jehrid mit der Keule zu treffen, doch dieser packte sein Handgelenk und drehte es herum, bis er ein Knacken hörte und seinem Gegner die Keule aus den nunmehr nutzlosen Fingern fiel.

Jehrid trat zurück, während Cohran zu ihm hochsah. Auf seiner Miene spiegelte sich weder Wut noch Resignation, sondern Stolz. »Ein schöner Tanz war das, mein Sohn …«

Jehrid drosch Cohran den Schwertgriff gegen die

Schläfe und schickte ihn bewusstlos zu Boden. »Du sollst mich nicht so nennen.«

In diesem Moment hörte er ein lautes Brüllen und drehte sich um. Der blinde Brecher rannte in die Dunkelheit davon. Seine Schreie hallten durch den Tunnel, bis sie schließlich von einem leisen Platschen abgeschnitten wurden. *Er ist ins Wasser gefallen,* dachte Jehrid. *Jetzt wird er blind und wahnsinnig zu den Schwertern hinausgetragen. Nawens Schlund wäre ein angenehmeres Ende gewesen.*

Er ging zu Meriva, die erschöpft auf die Knie gesackt war. Mit einem Finger hob er sanft ihr Kinn an. Ihr Gesicht war so blutüberströmt, als käme sie aus einem Schlachthaus. »Werdet Ihr es überstehen?«, fragte er.

Ihr Blick zuckte zu Sollis, der gerade Cohrans zu Boden gefallenes Messer aufhob. »*Die Frage ist: Werden wir es überstehen*«, flüsterte sie auf Alpiranisch. »*Dieser Ort, diese Worte. Sie waren nicht für unsere Augen bestimmt.*«

Jehrid richtete sich auf und sah zu Sollis hinüber, der den am Boden liegenden Cohran betrachtete. Sein sonst so ausdrucksloses Gesicht hatte sich zu einem traurigen Stirnrunzeln verzogen. »Hat er Euch das Kämpfen beigebracht?«, fragte Sollis.

»Ja«, erwiderte Jehrid. »Aber der Krieg hat mich mehr gelehrt.«

Ein bedauernder Ton lag in der Stimme des Bruders, als er weitersprach. »Der Schüler tritt stets aus dem Schatten des Meisters.«

Abrupt hob Sollis den Blick, und seine Miene wirkte wieder gleichmütig, als er Jehrid und Meriva ansah. Dann musterte er die nach oben führende Treppe. »Ihn da hoch zu bugsieren, wird nicht möglich sein. Wir binden ihn an der Säule fest, und Ihr schickt später Eure Männer, um ihn zu holen.«

Jehrid nickte argwöhnisch. »Wie Ihr wünscht, Bruder.« Er beugte sich vor und ergriff Meriva am Arm. »Könnt Ihr laufen, meine Dame?«

Seufzend stand sie auf, erstarrte jedoch, als vom Schatzhaufen her ein Rasseln zu hören war. Metall glitt zu Boden, während sich unter dem Haufen etwas regte. »Nein …«, hauchte sie.

Geschmeide spritzte funkelnd auf, und eine drahtige, in Lumpen gehüllte Gestalt sprang aus dem Haufen hervor. Ihre bleiche Haut war von zahllosen Wunden überzogen, und in einem mit getrocknetem Blut verkrusteten Gesicht leuchtete ein wildes Grinsen. Die Gestalt stolperte aus dem Haufen und stieß dabei gellende Schreie aus, in denen sich Triumph, Wut und Wahnsinn mischten.

Ein Zittern durchlief den Fels zu Jehrids Füßen, und er und Sollis wurden zu Boden geschleudert. Risse bildeten sich kreuz und quer im Kammerboden, aus denen Steinstaub aufstieg.

Fünf Schritt von sich entfernt sah Jehrid die Armbrust des blinden Brechers liegen, und er hechtete darauf zu. Erneut bebte der Boden, und Jehrid schrie erschrocken auf. Das zerlumpte Geschöpf lachte. Ein Riss öffnete sich im Gestein und verschluckte die Armbrust. Jehrid sah, wie Sollis Cohrans Messer nach der lachenden Gestalt warf, doch der schlingernde Boden machte ein genaues Zielen unmöglich. Die wirbelnde Klinge verfehlte den Gegner um eine Handbreit.

Das Beben ließ nach, als das zerlumpte Ding auf sie

zustolperte. Zufrieden musterte es sie und sah dann Sollis an. Blut floss aus seinem Mund, als es sprach: »Ich bedaure es, Euch schon so früh zu verlieren, Bruder. Eure Grausamkeit war immer so … unterhaltsam.« Seufzend hob der Mann die Arme und legte den Kopf in den Nacken. Erneut breitete sich ein Lächeln auf seinem Gesicht aus. »Ich werde es vermissen, d-«

In diesem Moment kam etwas Schmales, Spitzes von oben herabgeflogen – schneller als jeder Armbrustbolzen oder Pfeil. Sirrend durchschnitt es die Luft und bohrte sich dem Zerlumpten ins Auge. Er geriet ins Wanken und blickte sich verwirrt um. In seinem Auge steckte etwas Metallisches, eine Art Wurfpfeil, dessen nadelförmige Spitze hinten aus dem Schädel des Geschöpfes ragte. Es taumelte hin und her und ruderte dabei mit den Armen, wie ein Betrunkener, der gegen unsichtbare Gegner kämpfte. Ein weiterer Stahlpfeil kam herabgeschossen. Blut spritzte aus der knochigen Brust der Kreatur, als der Pfeil sich durch ihren Oberkörper bohrte, mit lautem Klirren zu Boden fiel und in die Dunkelheit davonrollte. Stöhnend brach das Ding zusammen und stürzte auf den Schatzhaufen. Seine Glieder erschlafften, und Blut ergoss sich in Strömen auf das glänzende Metall.

Hinter sich vernahm Jehrid ein Schnaufen, und als er sich umdrehte, sah er Bruder Lucin die grob behauene Treppe hinabsteigen. Schwester Cresia folgte hinter ihm. »Bruder«, grüßte Lucin Sollis, als er schwer atmend den Boden der Kammer erreicht hatte. Er ging zu dem Schatzhaufen, wobei er Jehrid oder Meriva kaum eines Blickes würdigte. Sein Gesicht wirkte verändert, so als hätte er es aufgegeben, seine wahre Miene hinter einer Maske aus falscher Gelassenheit und Unterwürfigkeit zu verbergen. Es war das Gesicht eines sehr ernsten Mannes.

Einen Moment lang betrachtete Lucin die Leiche auf dem Haufen und musterte ihr blutverkrustetes Gesicht, wenngleich Jehrid in seiner Miene kein Erkennen wahrnahm. Lucins Ausdruck wurde noch ernster, als er die siebenseitige Säule entdeckte. »Nur allzu real«, murmelte er und wandte sich ab. Dann sprach er Meriva auf Alpiranisch an, zweifellos in der Annahme, dass Jehrid seine Worte nicht verstehen konnte. *»Ihr habt eine Botschaft für mich, edle Dame?«*

Meriva ergriff die Hand, die Jehrid ihr hinhielt, und zog sich mühsam hoch. *»Ja«*, sagte sie erschöpft. *»Die Antwort lautet Nein.«*

Offensichtlich enttäuscht senkte Lucin den Blick und nickte dann in Richtung der Säule. *»Ihr habt das sicher gelesen, oder?«*

»Einen Teil davon, ja.«

»Dann hoffe ich, dass Ihr begreift, wozu uns Eure Absage zwingen wird.«

»Es war nicht meine Entscheidung. Ich überbringe nur die Botschaft. Die Diener haben gesprochen. Euer Krieg ist nicht unser Krieg.«

Lucin schüttelte nur seufzend den Kopf. *»Es wird Euer Krieg werden.«* Er nickte Schwester Cresia zu, die am Fuß der Treppe stand. Jehrids Blick fiel auf die Stahlpfeile, die aufgefächert zwischen ihren Fingern steckten und haargenau denen glichen, mit denen der Zerlumpte getötet worden war. Allerdings entdeckte er keine Abschussvorrichtung, die ihnen ihre enorme Geschwindigkeit hätte verleihen können. Dennoch war Cresia zweifellos diejenige, die den Mann umgebracht hatte. Ihr kreidebleiches Gesicht sprach Bände. Ihr Blick war starr auf die Leiche auf dem blutüberströmten Schatzhaufen gerichtet.

»Der erste ist immer der schwerste«, sagte Jehrid zu ihr. Sie blickte ihn mit feuchten Augen an, ohne das Gesicht zu verziehen. Ihre Hände zitterten.

»Schwester«, sagte Lucin in ungeduldigem Tonfall. »Die Sache muss beendet werden.«

»Nein.« Sollis trat vor Cresia, den Blick auf Lucin gerichtet.

Jehrid sah, wie Lucin schluckte, bevor er antwortete. »Unsere Aspekte sind sich über die Wichtigkeit dieser Mission einig …«

»Macht mich Euch nicht zum Feind, Bruder.« Es waren leise Worte – kaum mehr als ein Flüstern –, doch sie hingen schwer in der Luft und wurden von den Höhlenwänden mehrfach zurückgeworfen, bis sie zischend verklangen.

In diesem Moment hallte von oben die Stimme eines Mannes herab, und Jehrid erkannte den nilsaelischen Akzent seines Gehilfen. »Herr Lord Collector! Geht es Euch gut?«

»Eure Männer waren so freundlich, uns zu begleiten«, sagte Schwester Cresia. Die Pfeile waren aus ihrer Hand verschwunden, und ihre Stimme klang eindeutig erleichtert.

Jehrid sah von Sollis zu Lucin. Der ältere Bruder hatte den Blick abgewendet.

»Mir geht es gut!«, rief Jehrid nach oben und betrachtete den bewusstlosen Cohran. »Kommt runter! Und bringt ein Seil mit!«

Cohran Bera blickte auf das Meer hinaus. Eine Brise fuhr ihm durch das schüttere Haar. Es war ein schöner Morgen – kaum eine Wolke am Himmel, und die Sonne stieg als hell schimmernder Ball aus der ruhigen Erineischen See auf.

Er musterte Jehrid mit liebevollem Blick und nickte Meriva zu. Diese zeigte jedoch keine Regung. Sie hatte die Arme unter dem Umhang fest verschränkt, und ihre Miene wirkte wie versteinert. Jehrid hatte sie aus reiner Höflichkeit eingeladen – schließlich hatte sie als Geschädigte ein Recht darauf, dem Verfahren beizuwohnen –, hatte jedoch gehofft, dass sie fortbleiben würde. *Sie hat genug Blut gesehen.*

Sollis, Cresia und Lucin befanden sich zu Pferd auf der Kuppe eines nahegelegenen Hügels. Der Arm des Ordenskommandanten steckte immer noch in einer Schlinge. Seine Knochen waren in der Mission des fünften Ordens in Südturm gerichtet und der Arm verbunden worden. Die Schwertscheide auf seinem Rücken war jedoch leer geblieben.

»Ich werde mir im Ordenshaus ein neues besorgen«, hatte er gesagt, als Jehrid ihm die Klinge anbot, die er dem toten Bruder abgenommen hatte.

»Ich kann es behalten?«

Sollis zuckte mit den Achseln. »Es ist nur ein Schwert, Euer Lordschaft. Wir haben viele.« Damit war er zu seinem Pferd gegangen und aufgesessen. Es waren wohl die einzigen Worte des Abschieds oder Dankes, die Jehrid erhalten würde.

»Cohran Bera«, begann Jehrid in gemessenem Ton. »Du wirst des Mordes, des Diebstahls, der Piraterie und Bestechung und der Steuerhinterziehung für schuldig befunden. Auf Geheiß seiner Majestät wirst du deshalb durch die Hand des Lord Collectors hingerichtet. Da du aus dem Tod so vieler Menschen Gewinn geschlagen hast, die deinetwegen an dieser Küste gestorben sind, soll dies nun auch dein Schicksal sein.«

Er trat vor und setzte einen Stiefel auf den birnenförmigen Stein, an den Cohran gefesselt war. Er blickte in Nawens Schlund hinab und versuchte, sich ein bestimmtes Gesicht ins Gedächtnis zu rufen – eines, das er glaubte, niemals vergessen zu können. Und das nun hoffentlich vom Jenseits aus zusah. Doch so sehr er sich auch mühte, den Hass zu schüren, der ihn seit mehr als zwanzig Jahren begleitete, heute wollte es ihm nicht gelingen. *Warum kommt sie nicht? Will sie denn nicht zuschauen?*

»Sieh mir wenigstens in die Augen, wenn du es tust, mein Sohn«, sagte Cohran.

Einen Moment lang hatte Jehrid das Gefühl, den Blick nicht heben zu können, so als hielte ihn eine unsichtbare Hand fest.

»Du hast sicher viele Fragen«, fuhr Cohran fort. »Stell sie, und ich werde sie dir beantworten.«

»Einen Strafaufschub wird es für dich nicht geben«, sagte Jehrid, wenngleich er Cohran immer noch nicht ansehen konnte.

Einen Moment lang schloss Jehrid die Augen. Sein

Stiefel rutschte vom Stein ab, und er spürte eine große Müdigkeit in sich aufsteigen. Er zwang sich, die Lider zu öffnen und seinen Vater anzuschauen. Statt des furchterregenden Strandräubers sah er vor sich wieder den Mann, an den er sich aus seiner Kindheit erinnerte, dessen Augen vor Stolz leuchteten, wenn er seinen Sohn betrachtete.

»Warum hast du meine Mutter getötet?«, fragte Jehrid.

Cohrans Lächeln verblasste, und Bedauern zeichnete sich auf seinen schlaffen, wettergegerbten Zügen ab. »Sie wollte mit dir fliehen«, sagte er. »Sie hatte dieses Leben voller Gefahren und Unsicherheit satt und fürchtete sich vor der Zukunft. Sie wusste, dass du eines Tages so werden würdest wie ich. Deshalb hat sie uns an die Männer des Turmherrn verraten, ohne zu wissen, dass ich sie in der Tasche hatte. Sie glaubte, sich ein neues Leben im Norden erkaufen zu können, mit dir. Du kennst den Kodex, Jehrid. Das einzige Gesetz ist Schweigen. Deshalb habe ich sie getötet. Weil die Sippe das von mir erwartete und ich dich bei mir behalten wollte … Aber du bist trotzdem gegangen.«

Jehrids Blick kehrte zu dem Stein zurück, doch er fand nicht die Kraft, den Fuß anzuheben.

»Schon gut, mein Sohn«, sagte Cohran. »Ehrlich gesagt ist es mir lieber, du tust es als irgendjemand sonst. Blut wird mit Blut bezahlt. Bringen wir es hinter uns.«

Jehrid spürte die Blicke seiner Männer auf sich ruhen, die heute Zeuge wurden, wie der Lord Collector versagte. Aber er brachte es dennoch nicht über sich zu tun, was getan werden musste.

»Das Schiff, das du zerstört hast, nannte sich die *Reisende.*« Jehrid wandte sich um und sah Meriva neben sich stehen. Mit bleicher Miene, aber entschlossenem Blick schaute sie Cohran in die Augen. »Es wurde vor dreißig Jahren von der ehrwürdigen Handelsfamilie Al Lebra in der Werft von Marbellis in Auftrag gegeben. Viele Jahre lang wurde es von meinem Vater gesteuert, und als dieser für das Leben auf See zu alt wurde, übernahm mein Bruder es von ihm. Er war ein guter Mann, ein ehrlicher Seefahrer, der für einen Kapitän noch recht jung war, von seiner Mannschaft und seiner Familie aber gleichermaßen geliebt und geachtet wurde. Als er hörte, dass ich an diese Küste reisen sollte, bestand er darauf, mich mit der *Reisenden* hierherzubringen, weil er diese Aufgabe niemandem sonst anvertrauen wollte.«

Sie trat zu dem Stein und stellte einen Fuß darauf. Den Blick auf Cohran gerichtet, zischte sie auf Alpiranisch: *»Ich habe zugesehen, wie deine Kumpane meinem Bruder die Kehle aufgeschlitzt haben, du mieses Dreckschwein!«*

Jehrid wandte den Blick ab, als sie den Stein in den Schlund stieß. Er hörte das Rasseln der Kette und das Knirschen brechender Knochen, aber keinen Aufschrei. *Nein,* dachte Jehrid. *Natürlich nicht.*

Er wartete auf das leise Platschen und wandte sich dann an seinen Gehilfen. »Kehrt zum Zollhaus zurück. Heute Abend gibt es für jeden eine doppelte Rumration. Ich komme dann später nach.« Er sah Meriva an, die wie erstarrt in den Schlund blickte.

Auf der Hügelkuppe wendete Sollis sein Pferd und ritt davon. Seine beiden Gefährten verweilten jedoch noch einen Moment. Die Art, wie Bruder Lucin Meriva anschaute, gefiel Jehrid nicht. Sein Blick wirkte viel zu berechnend. Kurz verspürte er den Wunsch, den Bruder zu packen und ihn hinter Cohran her in den Schlund zu werfen. Lucin schien seine Absichten zu spüren, denn er zog unbeholfen am Zügel seines Pferdes und verschwand rasch außer Sichtweite. Schwester Cresia blieb dagegen noch kurz stehen. Jehrid hatte den Eindruck, dass ein Lächeln über ihre Züge huschte, als sie die Hand hob und ihm zögerlich zuwinkte. Er winkte zurück und verneigte sich. Er sah sie lachen, bevor auch sie davonritt.

»Das war kein Mensch, oder?«, fragte er nun Meriva. »Dieses Ding, das wir in den Tunneln zurückgelassen haben?«

Sie schüttelte den Kopf. »Ich muss gestehen, dass ich einem solchen Geschöpf noch nie zuvor begegnet bin. Aber ich vermute, dass es lange schon nicht mehr menschlich war. Sein Tod ist für die Welt ein Segen.«

Er nickte und zog etwas aus dem Beutel an seinem Gürtel. »Ich glaube, das gehört Euch, edle Dame«, sagte er und hielt ihr ein kleines Amulett hin – einen in Silber eingefassten Bernsteintropfen. »Cohran … mein Vater hatte es in seiner Tasche.«

Sie hob endlich den Blick vom Schlund und nahm das Amulett mit einem kleinen Lächeln entgegen. »Ich danke Euch, Euer Lordschaft«, sagte sie und hängte sich die Kette um den Hals.

»Rhevenas Träne«, sagte er. »Gehe ich recht in der Annahme, dass sie von Menschen getragen wird, die ähnliche … Gaben besitzen wie Ihr?«

»Verschiedene Götter haben verschiedene Diener, die

verschiedene Zeichen tragen. Auch wenn wir uns alle demselben Ziel verschrieben haben.«

»Und das Ansinnen des siebten Ordens entsprach nicht diesem Ziel?«

»Siebter Orden? Was ist das?« Sie schenkte ihm ein breites Lächeln und ging zu dem Pferd, das er ihr geliehen hatte. »Werdet Ihr eine Dame nach Hause begleiten, Euer Lordschaft?«

»Gern. Aber nur bis nach Südturm. Der Turmherr wird für die Kosten Eurer Schiffsreise in die Heimat aufkommen.«

»Südturm ist jetzt meine Heimat. Zumindest für den Augenblick. Das Haus Al Lebra betreibt hier viele Geschäfte. Dies war der offizielle Grund meiner Reise hierher. Es würde seltsam aussehen, wenn ich so schnell wieder abreiste, nicht wahr?«

»Gewiss.« Er stieg auf, und gemeinsam ritten sie den Klippenweg entlang auf den fernen Turm zu. »Sagt mir, kennt Ihr die Geschichte, wie Nawens Schlund zu seinem Namen kam …?«

Jenseits des Überhangs sammelten sich die Seeschwalben, um in die Wellen hinabzustoßen und sich frische Beute zu holen. Die Südküste war seit jeher ein Paradies für Aasfresser.